微南京

复成新村的陈年旧事

张元卿 尹引 著

广西师范大学出版社
·桂林·

复成新村的陈年旧事
FUCHENG XINCUN DE CHENNIAN JIUSHI

图书在版编目（CIP）数据

复成新村的陈年旧事 / 张元卿，尹引著. —桂林：广西师范大学出版社，2019.12

（微南京）

ISBN 978-7-5598-2305-2

Ⅰ．①复… Ⅱ．①张… ②尹… Ⅲ．①城市道路－城市史－南京 Ⅳ．①K295.31

中国版本图书馆 CIP 数据核字（2019）第 236092 号

广西师范大学出版社出版发行

（广西桂林市五里店路 9 号　邮政编码：541004）

　网址：http://www.bbtpress.com

出版人：张艺兵

全国新华书店经销

珠海市豪迈实业有限公司印刷

（珠海市香洲区洲山路 63 号豪迈大厦　邮政编码：519000）

开本：787 mm × 1 092 mm　1/32

印张：7.625　　　　　字数：122 千字

2019 年 12 月第 1 版　　2019 年 12 月第 1 次印刷

印数：0 001~5 000 册　　定价：42.00 元

如发现印装质量问题，影响阅读，请与出版社发行部门联系调换。

如今复成新村门牌号码示意图

民国时期复成新村门牌号码示意图

前　言

目前研究城市文化大都集中在理论探讨层面，个案研究相对缺乏，而我们认为研究城市文化，应该要研究一些相对较小的社区或街区，并尽可能地深入。

复成新村是南京重要的近现代建筑风貌区，北临常府街，南邻绣花巷，西接申家巷，东至马路街，由四十多栋民国建筑组成，是一个规模相对较小的社区，虽地处闹市区，却相对独立，自成一体。

经过一段时间的调研，我们发现以往的研究者大多单纯从建筑角度来研究复成新村，对于小区整体的历史，特别是单体建筑的历史及其主人身份的研究和确定，基本处于空白状态，而且还经常出现"张冠李戴"的情况。而之所以会出现这种情况，门牌号码混淆不清是最主要的原因。因此，我们的研究就从考证门牌号码和确定户主身份入手，由此来逐步深入挖掘这个社区的历史。

经过近一年的研究，我们初步考证出了民国时期复成新村的门牌号码，进而探明了每栋建筑背后所"隐藏"的主人身份，对这个社区的历史也有了较为全面的了解。我们觉得可以把这个个案研究中最核心、最基本的内容用书的形式呈现出来，为后续研究提供一个参考，同时也把我们的研究方法和研究心得展示出来，与研究城市文化的同道作一个交流。

因此，本书的核心内容是对复成新村门牌号码的考证和户主身份的确定，并在此基础上，对每栋建筑的主要历史作简要的梳理，尽可能给每栋建筑提供一些基本的研究线索。至于每栋建筑的详细历史，则需另作专门研究。

在此特别说明一下：本书涉及的门牌号码以及人物众多，民国时期和现在的门牌号码又出入较大，故在文中附有新老门牌号码对照表，便于读者阅读，也便于读者对名人故居、历史陈迹"按图索骥"。同时在结构安排和表述上，"中编"按民国时期的门牌号码顺序进行编排，一一对复成新村的建筑进行介绍，便于读者对其开发脉络有个初步了解，所提及的门牌号码也遵从民国时期的编定顺序；"下编"主要谈复成新村的现状，故文中提及的门牌号码则以现在为准，这主要是考虑如果再延续"中编"的表述，恐引起读者理解上的混乱。当然，待读者仔细阅读过本书，对全书的整体结构以及新老门牌号码的对应有所了解，就会更明白，也会对复成新村的"陈年旧事"越发感兴趣。

张元卿　尹引
2018 年 2 月 28 日

目录

上编

复成新村在哪里?	003
复成新村的前身	009
复成新村是谁开发建造的?	014
为什么要研究复成新村?	027
为什么首先要考证门牌号码?	033
解密老门牌	036

中编

复成新村1号：区鼎新寓所	*051*
复成新村2号：区鼎新旧居	*054*
复成新村3号：秦德纯寓所	*058*
复成新村4号：文鸿恩寓所	*066*
复成新村5号：韩国驻华代表团旧址	*075*
复成新村6号	*082*
复成新村7号：河海同学会会所旧址	*083*
复成新村8号：宣介溪旧居	*088*
复成新村9号	*096*
复成新村10号：文朝籍旧居　中共南京市委办公旧址	*097*
复成新村11号：霍明旧居　《建国评论》办公旧址	*103*
复成新村11-1号：陶守伦办事处	*105*
复成新村13号：江苏金坛旅京同乡会会所旧址	*111*
复成新村14号、15号	*113*
复成新村16号：朱式勤旧居	*114*
复成新村17号：蒋经国寓所	*117*
复成新村18号	*123*
复成新村19号：陈大镁旧居之一	*125*
复成新村20号：《进步周刊》办公旧址	*129*

复成新村21号：何金泉旧居	134
复成新村22号：翟殿云寓所	139
复成新村23号：汪镐基旧居	141
复成新村24号：邱维达旧居	145
复成新村25号：伪中央银行职员宿舍	152
复成新村26号	154
复成新村27号：萧赞育旧居	157
复成新村28号	161
复成新村29号：刘振三旧居	162
复成新村30号	164
复成新村31号：伪满洲国大使馆"驻京办事处"	166
复成新村32号：林秋生旧居	170
复成新村33号：陆圣恺旧居	175
复成新村34号：陈大镁旧居之二	177
复成新村35号：余凯之旧居	180
复成新村36号：徐叔明旧居	182
复成新村37号：韦永成寓所	186
复成新村38号：张岳灵旧居	191
复成新村39号：邱清泉旧居	195
复成新村44号：程绍叶旧居	201

下编

从民国高官住宅区到谍报小区　　　　　　　　　205

整体保护与特色开发　　　　　　　　　　　　　208

韩国临时政府南京史料陈列馆　　　　　　　　218

"希望永远保留"　　　　　　　　　　　　　　223

后记　　　　　　　　　　　　　　　　　　　224

上编

中编

下编

复成新村在哪里？

复成新村是南京市区现存不多的民国街区之一，北临常府街，南邻绣花巷，西接申家巷，东至马路街。其由南京乐居房产股份有限公司开发，从1934年开始建设，至1937年基本结束，先后共建造了44栋独立的西式楼房（含西式平房），是民国时期南京的高档住宅区。2009年，这个街区被南京市政府列为"南京重要近现代建筑风貌区"之一。

当年南京乐居房产股份有限公司为什么要选择在这个地方建造复成新村呢？这要先看一下在建造复成新村前这一区域的整体环境。因我们所见的1934年前的南京市地图中，只有1928年南京共和书局版对该区域的自然人文环境标示得较为细致，故以此图来进行说明。为展示局部细节，我们截取了该图的部分。

图中所标正谊中学的位置就是日后的复成新村。从交通

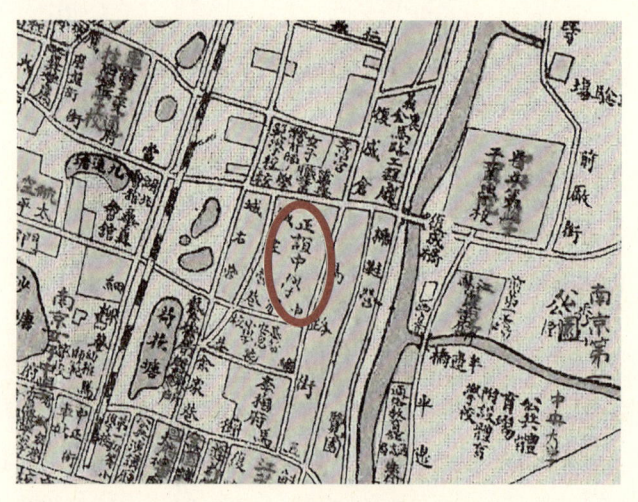

《最新首都城市全图》(局部),南京共和书局1928年8月版

环境看,这里东边是秦淮河,西边是京市铁路,周边马路系统完善,水陆道路畅通。从人文环境看,正谊中学东边隔河有南京第一公园、公共体育场、通俗教育馆、中央大学工学院,西边有公安局教练所、南京女子中学,生活休闲较为便捷。1935年乐居房产股份有限公司在《复成新村房屋说明书》中对于购地建房有一个说明:"南京地产购觅匪易,盖建屋基地,必须地形方整,环境佳良,大小适中,交通方便,庶

复成新村民国时期建筑风貌区指示牌

图中红线内区域即复成新村

为上选。"①同时又写道："本村与南京商业中心之太平路、最优美之第一公园,及公共体育场、富有诗意之秦淮河均甚邻近,而空气清新,宜于居家,在首都无出其右。"②显然,在该公司看来,正谊中学这个地块就是"地形方整,环境佳良,大小适中,交通方便"的上选之地。

1927年国民政府建都南京后,南京进入了近代史上所谓的"黄金十年"发展期。特别是自1929年12月《首都计划》颁布后,南京的市政建设发展尤为迅速,道路、供水、供电等城市基础设施逐渐完善,这是此后大规模的房地产建设得以展开的基础。正谊中学周边现成的基础设施,无疑是乐居房产股份有限公司选择在此地来建造复成新村的一个重要原因。

复成新村建造期间南京的房地产情况,可从《首都建筑概况》一文中窥知,该文称:

当南京未建都以前,所有的建筑大都集中城东城西一带,

---

① 南京乐居房产股份有限公司:《复成村房屋说明书》,1935年12月印制。转引自蔡晴、姚赯《南京近代住区的营建特征与保护观念初探》,《华中建筑》2006年第11期。
② 同上。

其城北一隅，除却官署领馆和一二资产者的自建洋楼大厦以外，多是穷民栖身的矮房茅屋，是谈不到建筑的，所以，很不容易找到整齐的住宅。建都以后，因人口的增加，以南京少数的住宅，当然容不下来这庞大人口的居住，在数年前，尚能看到荒地和池塘，现在呢，已很多变成了崇楼大厦的建筑地了，像慧园里、金汤里、良友里、文华里、忠林坊、紫金坊、忠义坊、五台山村、梅园新村、桃源新村等，都是以前荒地池塘的新建筑。而且，这些里、坊、村，每处的房屋，多凡数十宅或至百数十宅，其他的小规模营造，更是不胜其枚举了。至于私人的住宅建筑，为数却也不少哩！以南京的土地面积，……较之现在的人口和建筑，显然的，是未见得怎样的拥挤，但南京已经有分区制度的规定，计分六区：（一）中央政治区，（二）文化区，（三）市园区，（四）住宅区，（五）商业区，（六）工业区。虽然界限迄今还没有精密的确定，在未来当然是要确定的，因为都市的不分区，那末，建筑上必致掺杂，于市民生活上，和整个市容上，都有极大的妨碍。所以，南京市早已注意到划分六区，而其住宅的地段，却在城北鼓楼附近，及城西北，计自西华门起，沿中山路一带。上面曾经说过，城北在未建都前，是谈不到建筑，而是异常荒落的地方，现在因为规定住宅区，来容纳人口的居住，所以在过去数年建筑物是添了不少。①

文中提及的良友里、梅园新村、桃源新村都是乐居房产股份有限公司此前开发的现代住宅区。这些住宅区和复成新村都是在市内建造，并没有选择在城北鼓楼和中山路一带（即现在的颐和路、山西路民国公馆区）进行开发。对于这个问题，有研究者认为："那为何又不像颐和路公馆区一样择荒地而建呢？正是因为这些住区规模小，但又必须达到西式住宅应有的标准，为节约开发和运营成本，必须尽可能地依托现有的城市基础设施和公共服务设施。因此，住区所在的位置非常重要。"② 也就是说，节约成本，尽可能地依托现有的城市基础设施和公共服务设施，是乐居房产股份有限公司开发新村的核心理念。城北鼓楼和中山路一带当时还是荒地，运营成本较高，显然不符合乐居房产股份有限公司的开发理念，因此不被选择就在情理之中了。

---

① 杨德惠：《首都建筑概况》（续），《申报·建筑周刊》1934年12月25日。
② 蔡晴、姚赯：《南京近代住区的营建特征与保护观念初探》，《华中建筑》2006年第11期。

复成新村的前身

1934年复成新村建造前这一区域的情况在《新测南京城市详图》(1933年上海东方舆地学社第4版)上有清晰的显示,截图如下:

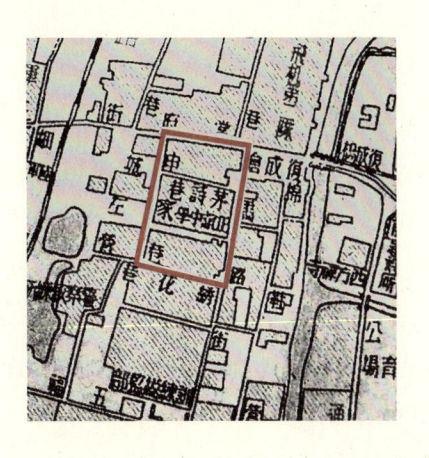

据此,我们绘制了一幅"复成新村建造前该街区示意图":

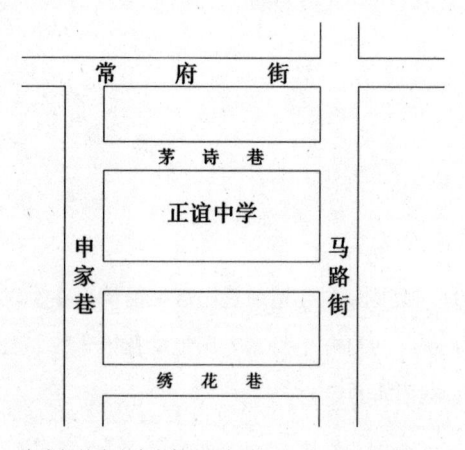

```
          常  府  街
    ┌──────────────────┐
    │                  │
    └──────────────────┘
           茅  诗  巷
    ┌──────────────────┐
 申 │                  │ 马
 家 │   正谊中学       │ 路
 巷 │                  │ 街
    └──────────────────┘
    ┌──────────────────┐
    │                  │
    └──────────────────┘
           绣  花  巷
```

复成新村建造前该街区示意图

从示意图可看出,这一区域从北到南分三块,北边两块之间是茅诗巷,中间这块是正谊中学,南边这块在1933年的地图上没有标示。因建造复成新村,茅诗巷这个巷子彻底消失,在1933年后的南京市地图上便再也看不到茅诗巷这个地名了,此后的多种《南京市地名录》也均没有标示茅诗巷。

茅诗巷的历史已很难考证,但有两则有关茅诗巷的记载引起了我们的注意:

1930年7月17日《申报》所刊王味斋讣告的通信处是"南

京常府街茅诗巷二号讨逆军四路办事处";

《旅京必携》（雨花社编，1932年5月南京书店发行）中有"第五十六师通讯处 茅诗巷"的记录。

这说明茅诗巷在复成新村建造前就曾设有军事机构。而从诸多史料来看，复成新村建成后也有军事机构，并有邱清泉等将军入住，这中间是否有联系，有待进一步考察。

正谊中学1920年由杨匡（觐侯）创办，女子部在四条巷，男子部在申家巷，即上图中间这块。该校办学过程中一直受到经费不足的困扰，1927年又有军队在学校驻兵，以致正常的教学活动常常受到干扰。校长杨匡曾向南京市政府呈请驱退学校驻兵，未果。

1929年初，正谊中学又爆发了反对校方滥收书杂费的学生运动。而这一运动和共产党员谭籍安有关。

谭籍安（1906—1930），湖北宜城人。1927年3月加入中国共产党，1929年8月由董必武介绍到南京，在正谊中学发展团组织。1930年春，任中共南京市委秘书兼北区区委书记，后又任南京市行动委员会委员。正是在谭籍安的带动下，该校学生发起了反对校方滥收书杂费的学生运动。对于这一运动，《血洒雨花台——谭籍安烈士传》一文中这样写道：

杨匪不仅无视学生的正义要求，反诬籍安聚众闹事，将其开除学籍。这样一来，更加激起了全体师生的义愤，他们罢课请愿，在市教育局门前示威游行，强烈抗议校方的无理行径。这一正义斗争得到了晓庄师范、东方公学、中山大学等校学生的声援和支持，反动教育当局慑于舆论压力，只得将正谊中学关闭。①

经过这一运动，正谊中学在申家巷已没法继续办学，但也并没有立即关闭，而是在第二年10月迁往南门城内沙湾办学了。1930年10月1日《申报》所刊《南京正谊中学迁移开学通告》称：

本校申家巷校址为军警借用，迄未迁让，致难开学，今已觅定南门城内沙湾第四十六号为临时校舍，即日迁移开学，恐远道学生未得周知，特此布闻。

校长卢寿钱

---

① 《血洒雨花台——谭籍安烈士传》，载中共襄樊市委党史资料征编办公室编印《中共襄樊党史人物传》(第1集)，1985，第257页。

由此可知，在学生运动后，申家巷校址为军警借用，这是该校迁地办学的最直接的原因。

1930年10月正谊中学迁走后，其校区应是一直被军警借用，这其中应包括1932年还存在的"第五十六师通讯处"。至于这一区域出于何种原因、通过何种途径在1934年前后被南京乐居房产股份有限公司购得，现在还没有查到相关史料。但有一个事实是清楚的，即如果正谊中学能在此地正常办学，乐居房产股份有限公司就不大可能购得这一街区来开发房地产了。

复成新村是谁开发建造的？

据汪胡烈《汪胡桢年谱简编》1933年条记载，这一年汪胡桢与"林平一等人组建乐居房产（股份）有限公司，陆续建成桃源新村、梅园新村、复成新村和竺桥新村"[①]。由此可知，复成新村是乐居房产股份有限公司开发建造的。

《南京房地产志》对乐居房产股份有限公司有这样的记载：

乐居房产股份有限公司成立于民国22年（1933），资金10万元，负责人徐叔铭。在成贤街5—8号、13—16号建有市房，成贤里、梅园新村、中央路等处建有单幢楼房出

---

① 汪胡烈：《汪胡桢年谱简编》，载嘉兴市政协文史资料委员会编《一代水工汪胡桢》，当代中国出版社，1997，第330页。

租或出售。抗日战争胜利后,资金增为12亿元,在中山路69号复业,民国36年(1947)领得营业执照。①

这个记载须与乐居房产股份有限公司在1933年公示的登记注册公告(见下页)一起对照阅读。

从公告可以看出,乐居房产股份有限公司登记注册的具体时间是1933年3月4日,注册地为南京四条巷良友里,注册资金10万元,营业范围:经营地产,建筑各式房舍,出租或出售。董事和监察人名单中并无《南京房地产志》中提到的"徐叔铭"。

汪胡桢在《回忆我从事水利事业的一生》中谈到了创建乐居房产股份有限公司的情况。当时他和林平一随导淮委员会工务处迁到南京后,都感到租屋不易,而他们二人都是土木工程师,于是就和朋友集资开发建造了良友里小区。因造价低廉,房型设计新颖,良友里很快销售一空。经过这一历练,他们看到"南京大可兴建商品化房屋出售,因此就组织成立乐居房产(股份)有限公司,陆续建成桃源新村、梅园

---

① 南京市地方志编纂委员会编:《南京房地产志》,南京出版社,1996,第232页。

杭緯城食品股份有限公司公告	南京樂居房房產股份有限公司公告
經營 採製城鎮玻璃器皿食品分設各省	經營 出租房屋 股東及股數等 資本
九千三百元	十萬元
（發起人） 何志軒　住河北省棉棉球 樓憇亭　住山東省行伍行踪 李廷松　住河北省枪内 郭順典　住河北省的泡魅城内 蔣安仁　住北平西城 谷良友　住山東省荷澤縣 唐榮之　住河南安城内 （監察人） 張應卿 顏殿揚　均住山東省舒野縣	（發起人） 汪胡楨　住南京四條巷良友里二十號 林平一　住南京四條巷良友里十一號 竺德生　住南京文殊海橋一一四號 陳和甫　住南京鐵湯委員會 張登　住豊萊南門外帆落洪一號 馬麗江　住上海四川路六號 趙國璋　住南京四條巷良友里十一號 （監察人） 酈藐深 周能焰　均住南京砂粉卷十九號振興委員會
西安街院門二十四號（末店地）	南京四條巷良友里（末店地）
民國二十二年三月三日	民國二十二年三月四日
設立登記	設立登記
登字第三七八號	登字第三七九號

樂居房產股份有限公司登記註冊公告（原載《實業公報》1933年第137—138期合刊）

新村、复成新村和竺桥新村"①。

1937年8月日军轰炸南京,复成新村西部和东南角平房及37—39号不同程度受损。南京沦陷后,汪胡桢等董事先后离开南京,复成新村有些房屋被"维新政府"等敌伪机构占用。1938年7月22日,上海《新闻报》刊登的《南京乐居房产股份有限公司公告》称:

> 本公司二十七年春季股东会,因首都沦陷,股东星散,无法举行,经依照《非常时期营利法人维持现状办法》,呈请经济部核准在案。兹特将二十七年份账目印刷成册,敬祈各股东将通信处函知上海小沙渡路同余里二号徐叔明君,当即寄奉。

小沙渡路即现在的上海市西康路,同余里2号现在依然存在。

1941年10月,徐叔明向实业部提交补交董事和监察人名单和补发执照的请求,落款为"乐居房产股份有限公司董

---

① 汪胡桢:《回忆我从事水利事业的一生》,载嘉兴市政协文史资料委员编《一代水工汪胡桢》,当代中国出版社,1997,第291页。

同余里小区大门（上）、同余里2号（下）

事长"。实业部同意了徐叔明的呈请,并让他把相关材料报送南京特别市社会局存案,同时颁发补字第一号登记执照。由此可知,徐叔明是1940年前后任乐居房产董事长的,《南京房地产志》所记负责人"徐叔铭",是不准确的。"徐叔铭"应为"徐叔明",而且是该公司后期的负责人。

1945年日本投降后,林平一先回到南京,召回了乐居房产股份有限公司的职工,"把房屋修葺一新出售,并把公司结束,退还股本"①。

下面介绍一下乐居房产公司初创时的董事和监察人情况:

董事:

汪胡桢(住南京四条巷良友里二十号)

林平一(住南京四条巷良友里十一号)

竺达甫(住南京淮海路一一四号)

陈和甫(住南京导淮委员会)

陈　璧(住嘉兴南门外帆落浜一号)

顾丽江(住上海四川路六号)

---

① 汪胡桢:《回忆我从事水利事业的一生》,载嘉兴市政协文史资料委员会编《一代水工汪胡桢》,当代中国出版社,1997,第291页。

邬兰徽（住南京四条巷良友里十一号）

监察人：

须　恺（住南京砂珠巷十九号）

冯毓菜、萧锦培（均住南京导淮委员会）

汪胡桢（1897—1989），浙江嘉兴人。中国现代水利专家，中国科学院学部委员，我国现代水利工程技术的开拓者，被水利界誉为"中国连拱坝之父"。1917年毕业于南京河海工程专门学校（现河海大学），后留学美国，1923年获康奈尔大学土木工程硕士学位。回国后任教于河海工科大学。1927年起，历任太湖流域水利工程处总工程师、浙江省水利局副总工程师、导淮委员会工务处设计主任工程师、救济水灾委员会第十二工赈局局长兼皖淮工程局总工程师、海塘工程局副局长兼总工程师等。新中国成立后，历任浙江大学教授、华东军政委员会水利部副部长、淮河水利工程总局副局长兼工程部长、治淮委员会委员兼工程部长、佛子岭水库工程总指挥、水利部北京勘测设计院总工程师、黄河三门峡水库总工程师、北京水利水电学院院长、水利部顾问等。

林平一（1897—1979），浙江奉化人。著名水利专家、水文学家。1923年毕业于天津北洋大学土木工程系。自费赴美留学，初入康奈尔大学土木工程学院，次年2月转爱荷华大学水利工程学院，1925年春毕业。1927年秋回国。翌年春，任南京国立中央大学土木工程系教授，兼任整理导淮工程图案委员会委员。1930年2月辞中央大学教职，专任导淮委员会简任级工程师，翌年升设计组主任工程师，主持导淮工程设计。1934年1月任导淮委员会工程处技正。1937年春任导淮委员会代理总工程师，设计完成淮阴、刘老涧、邵伯、高邮等处船闸工程与蒋坝、杨庄、三河等活动坝工程，开创全国建设新式水利工程之先河。1938年1月，随导淮委员会迁至重庆，负责维护乌江、綦江和赤水河航道工程。1940年7月任綦江水道工程局局长，完成綦江上、中游和支流8座船闸、6座滚水坝的建设，提高了煤炭、铁矿运载量，为支援抗日战争发挥了重要作用。1943年末，任导淮委员会总工程师。次年7月起，赴美国考察水利。1947年7月任水利部淮河水利工程总局局长，翌年改任水利部顾问。新中国成立后，任水利电力部技术委员会委员、水利水电科学院一级工程师等职。1950年提出并实施了润河集束流方案，取得治理淮河的初期成效。1964年任全国第四届政协委员。著有《小汇水面积暴雨径流计算法》等。

竺达甫，竺达记营造厂经理。

陈和甫，江苏人。历任南京特别市市政府参事、南京市政府工务局局长、导淮委员会工程处技正、水利部淮河水利工程总局工务处处长等。著有《水工名词》《河工实施》等。

陈璧，可能是汪胡桢的夫人。在乐居房产股份有限公司登记注册公告中，陈璧的住址是嘉兴南门外帆落浜1号。帆落浜1号（现在的门牌号码为帆落浜39号）是汪胡桢于1928年在嘉兴南门新建的二层楼房的地址。汪胡桢的妻子叫陈蕙珍，故推断"陈璧"可能就是汪胡桢的妻子陈蕙珍，或是陈蕙珍的娘家人，但为陈蕙珍化名的可能性更大。

顾丽江（1888—1958），上海人。早年入学长沙第一师范学校。1920年任江南中学数学教师。1921年弃教从商，到华商柳江煤矿铁路有限公司任职员，专理华洋文书，兼做采办事务。数年后，顾丽江升为公司董事长。在采办工作中，顾丽江既能对厂矿机械设备、材料原料的性能质地进行深入研究，又能对市场行情进行细致分析，显示了既负责又精明的采办才能，从而职位得到较快提升。他开设的顾丽江采办事务所是一家独特的代理商行，常为其他公司做采办业务。后任华东煤矿公司董事、华商上海水泥公司常务董事等职。1950年受聘为华东军政委员会贸易总顾问。

邬兰徽，可能是林平一的夫人或家人。在乐居房产股份有限公司登记注册公告中，邬兰徽和林平一的地址相同。林平一与汪胡桢为挚友，都是导淮委员会的工程师，成立乐居房产股份有限公司之前，以他们两人为主买地，设计了良友里联排住宅30套，并召集亲友共同出资建造而成，汪胡桢住良友里20号，林平一住良友里11号。由陈璧为汪胡桢的关系密切之人来推断，邬兰徽应该也是林平一的亲友。

须恺（1900—1970），江苏无锡人。1917年毕业于南京河海工程专门学校。1920年入美国加利福尼亚大学研究水利工程，获工科硕士学位。1924年回国，历任陕西水利局工程师、西北大学工科主任、江西省工科大学水工教授、中央大学教授、浙江钱塘江工程局工程师、华北水利委员会总技师等。1929年任导淮委员会技正兼副总工程师，一度代理总工程师。1934年兼任黄河水利委员会委员。此后历任第一次、第二次高等考试初试典试委员，水利委员会技监，水利部技监，联合国远东经济委员会防洪局代理局长。1949年后历任水利部计划委员会主任，北京勘测设计院院长，水利电力部规划局工程师，中国水利学会第一届、第二届副理事长。著有《导淮问题》《中国的灌溉事业》等。

萧开瀛（1894—1967），又名萧锦培，江苏宜兴人。著名水利工程专家、水利教育家。1915年考入南京河海工程专门学校，毕业后留校任教。1918年后历任天津顺直水利委员会助理工程师、天津汉士建筑洋行工程师、苏州太湖水利工程处技士、太湖水利委员会副工程师、淮阴导淮委员会工务处工程师、南京导淮委员会工程师等职。1933年任江苏省政府建设厅科长、主任秘书。1949年后历任苏南行政公署生产建设处技术室主任、总工程师，南京淮河工程局规划处处长，蚌埠治淮委员会规划处处长、工程部副部长，治淮委员会副秘书长，安徽省水利电力厅副厅长，第三届全国人大代表等。译有《房屋及桥梁工程学》、《钢建筑学》（与马登云合译）、《混凝土工程学》等。

冯毓棻，导淮委员会总务处科长。

通过以上简历可看出，这些股东和监察人都是汪胡桢的同事或朋友。除了陈璧、邬兰徽、顾丽江和竺达甫，其他人当时都在导淮委员会工作，其中汪胡桢和须恺、萧锦培都是南京河海工程专门学校的同学，而汪胡桢和林平一又是康奈尔大学同学。因此可以说，乐居房产股份有限公司是一个同人公司。

乐居房产股份有限公司在开发复成新村时，土建方面的工作由南京陆根记营造厂承担，内部设备安装由金陵房产建设社承担。

关于陆根记营造厂，《南京百年城市史》中这样写道：

在近代南京的营造业中，最有名的是陈明记、新金记、陶馥记、陆根记4家营造厂，它们引领了近代南京营造业的发展和壮大，人们称之为南京营造业的"四大金刚"。……陆根泉在南京还先后为褚民谊、汪精卫、张学良、吴稚晖、钱大钧、戴笠等人精心营造公馆、别墅，为此得到国民党上层人士的赏识。①

陆根记营造厂在上海建造了上海市中心医院、百乐门大饭店等重要建筑,在南京还建造了南京助产学校、南京国立音乐院、国民大会堂等。因其"工程均由专家督造,严格选料,故已为近五年来复兴建设中之铁军"②。

金陵房产建设社是当时有名的建筑安装公司,1934年11月18日《中央日报》刊登的广告称:"金陵房产建设社,承装自来水管,卫生器具,暖气工程,消防设备,办理房屋设计监工。"这说明该公司不仅能安装设备,还能"办理房屋设计监工",这对于乐居房产股份有限公司来说,可省许多精力,而汪胡桢等本有自己的工作,有专业公司外包相关业务,自是最佳选择。

---

① 夏蓓、邓攀:《南京百年城市史(1912—2012)·工农业卷》,南京出版社,2014,第66、69页。
② 《复兴建设中之铁军:陆根记营造厂》,载《建设中之新中国》1937年上海市政府成立十周年纪念刊。

为什么要研究复成新村?

1929年《首都计划》出版。按照这个计划,南京市区的住宅分为四个等级,即第一、第二、第三住宅区及旧住宅区。第一住宅区为官僚等上层人士住宅区,即山西路、颐和路一带;第二住宅区为一般公务人员住宅区;第三住宅区中又分四区,其中三区在距市区远而偏僻的市郊,一区即为下关的棚户区;原来的旧住宅区则原封不动地加以保留。①

复成新村有甲乙丙丁四种房型,丁型为西式平房,其他均为独栋西式楼房。其中:"乙式住宅,生活用阳台的面积就达13m²,另外,还有40多 m² 的晒台。在设备上这类住宅水、暖、电、卫、煤气俱全,而且多为进口设备,复成新村的售楼书称其'卫生器具均由美国德国名厂出品,瓷质飞白耐用,

---

① 国都设计技术专员办事处:《首都计划》(重印本),南京出版社,2009。

配以克罗米龙头落水管，冷热水管均系英国出品，化粪池用钢骨水泥浇成，埋于地下'。"①

《南京复成村新厦说明书》对新村住宅的浴室则有这样的说明："内设德国圆浴缸一件，白磁抽水马桶一件，白磁面盆一件，克罗米配件，冷热水管全，壁间有化妆箱一，外有玻璃镜门，人造石护壁及地面，光滑异常。"②

复成新村刚建成时，《中央日报》也曾刊出这样的广告："最近落成小住宅，定价出售。坐落马路街复成新村（即训练总监部后面），内容：布置新颖，经济美观，计客室或膳室一，卧室二，厨房、仆室、储藏室、阳台、园地。另有较大新式独院楼房，设备完全。"③显然，这样的房子不是为一般公务人员和普通平民准备的。

有研究者把复成新村风貌区与《首都计划》对比，将其归为第三住宅区，这是不合理的。第三住宅区是普通市民的一般住宅区，复成新村明显不是。因此，综合文献资料和实地调查情况，我们认为它是坐落在老旧住宅区和政府机关区

---

① 南京乐居房产股份有限公司：《南京复成村新厦说明书》，1935年12月印制。转引自蔡晴、蔡亮《家族经历中的南京近代住宅建筑》，《华中建筑》2005年S1期。
② 同上。
③ 《中央日报》1936年10月28日。

的"上层人士住宅区"——虽然它不在《首都计划》设定的第一住宅区中。

《首都计划》中的第一住宅区主要是指现在知名度甚高的颐和路公馆区。颐和路公馆区是20世纪30年代政府提供给政府官员居住的高级住宅区，也是按照《首都计划》实施建设的最大住宅示范区。2015年4月，颐和路公馆区被列入首批"中国历史文化街区"。

复成新村的体量[①]虽远不及颐和路公馆区，但其住户阶层并不亚于颐和路公馆区，单体建筑也并不逊色于颐和路公馆区的西式建筑。它有统一的规划和风格，又临近政府机关、学校、医院等机构（颐和路公馆区则是择荒地而建），并且是由科技精英主持的现代房地产公司开发的成熟的市内现代住宅小区，而不像颐和路公馆区是由政府直接推动建设的住宅区。我们认为，复成新村是更能代表民国时期房地产商开发理念和市场运作特征的历史街区，虽然它至今还只是被认

---

① 对于乐居房产股份有限公司选择城内小区块来建造统一规划的现代住宅区，蔡晴认为："尽管这些西式住区的开发商以今天的眼光来看未免显得手笔太小，但在当时的南京，他们的观念已经足够先进。上述这位开发商，尽管抱怨购地'匪易'，似乎日子难过，但实际上他是在南京先后开发了良友里、桃源新村、复成新村和赫赫有名的梅园新村等西式住区，实力雄厚，销售运作方式也十分西方化的大房地产公司——'乐居房产股份有限公司'。"转引自蔡晴、姚赯《南京近代住区的营建特征与保护观念初探》，《华中建筑》2006年第11期。

定为"近现代建筑风貌区"。

对于颐和路公馆区的研究，现在已有很多，对复成新村的研究，却非常之少，更缺乏成规模的专题研究。如果只是研究颐和路公馆区，是不足以看清民国时期南京的住宅建设情况的，也不能全面把握那时的住宅建筑设计理念和住宅风格。虽然研究稀少，但有的研究者已经认识到了复成新村的价值。蔡晴认为：

复成新村，由于建筑破旧、环境不佳、规模窄小，最近已被列入拆除计划。这一计划遭到当地居民和专家学者的联合反对，但理由各不相同：居民们的理由是这里居住过重要的近代历史人物，包括抗日英雄；专家的理由则是这里的建筑虽然破旧，但也具有很高的艺术价值。实际上，在这里居住过的历史人物并未重要到必须专门为其保留旧居纪念地；其建筑艺术特征在南京也完全可以找到更典型的代表。上述理由，对将这一住区作为历史遗产加以保护均不够充分。重要的是，由于周边道路环境一直变化不大，复成新村是当代南京保存最为完整的近代住区之一，足以反映近代房地产业的经营、建造和规划特征。从这个角度看，它和颐和路公馆区属于两个不同的城市历史文本，具有同样重要的历史文化价值，因而同样需要加以保护。①

　　蔡晴这个观点是 2006 年在刊物上发表的，不知此后是否还有补充。根据我们的调查，复成新村居住过蒋经国、萧赞育、秦德纯、韦永成、邱维达等历史人物；韩国临时政府主席金九也曾在这里活动，韩国临时政府代表团有段时期就在这个小区办公；这里有中共南京地下党的秘密接头地点，有沦陷时期国民党的地下情报站，还曾有伪满洲国驻汪伪政府的代表出入……这些历史痕迹都不是简单地保留旧居纪念地就能保留下来的，其历史原貌和历史价值还有待进一步研究。好在复成新村并没有被拆掉，我们还能较为从容地面对它，研究它。

　　相对于孤立地谈历史价值和建筑艺术，蔡晴更看重复成新村的是其作为一个"完整的近代住区"②，"足以反映近代房地产业的经营、建造和规划特征"。也就是说，复成新村的价值首先体现在它是"近代住区"的历史标本，其建筑

---

① 蔡晴、姚赯：《南京近代住区的营建特征与保护观念初探》，《华中建筑》2006 年第 11 期。
② 刘思彤在其硕士论文《中国近现代居住类历史街区的保护与再利用研究》中认为复成新村是"南京民国时期统一规划的典型住区，独栋院落式空间结构，院墙形成连续的街巷界面"，也强调了其作为"住区"的典型性。

艺术和历史价值应从"近代住区"的角度来呈现。这个观点我们很赞同。

但自从复成新村被认定为"近现代建筑风貌区"后,研究者多只是单纯从建筑角度来研究它,对于小区的整体历史,特别是单体建筑的历史及其主人身份的研究和确定,基本处于空白状态,而且还经常出现张冠李戴的情况。

如果我们一直不了解这个"近代住区"曾住过什么样的人,每栋建筑有着怎样的历史,而仅仅从建筑风貌的角度研究它,对于和它有关的"房地产业的经营、建造和规划特征"也疏于考察,那我们又如何能真正认识这个"近代住区"的价值呢?

有鉴于此,我们觉得复成新村无疑是值得研究的,但所有研究都必须建立在单体建筑户主身份确定的基础上,也就是说我们首先要知道每栋建筑曾经的主人是谁,各住户间有着怎样的关系。我们的研究就是以这一思路为线索来进行的,具体考证情况见本书的"中编"。

为什么首先要考证门牌号码?

在城市老建筑、老街区的研究中,有一个看似微不足道、实际上却很重要的问题,即门牌号码的认定。

老建筑、老街区,特别是民国的老建筑、老街区,一般都有对应的门牌编号,这些编号在民国的不同时期都有一些变化,比如抗战胜利后很多城市开始更改沦陷时期命名的街道名称,同时这些街道和建筑的门牌编号也有一定的变化,有的是全部更改,有的是局部变动。1949年后也存在这样的问题。这就提醒现在的研究者,当你在进行城市田野调查的过程中看到一些老建筑的门牌时,不能简单地把看到的门牌号就当作这个建筑的唯一代码,甚至把找到的历史资料都归到这个代码之下。因为门牌号码也有自己的历史,历史上也有变动。这就要求研究者首先要确定你看到的门牌是哪个时期编的,如果你看到的是民国老建筑,那首先要确认现在的门牌还是不是民国时期的老门牌。如果没有做这个认定工作，在整合历史资料时往往会出现张冠李戴的情况，而且会直接影响到对这些建筑和街区的认识及定位。

经调查考证，我们发现复成新村现在的门牌号和1950年南京市军管会房产管理处编印的《南京市接管代管房屋简明手册》所显示的门牌号是不同的，手册中的门牌号是接收时的民国时期原号码。也就是说，研究者如果把掌握的复成新村的文献资料按现在的门牌号去归类研究，必然会张冠李戴。

而实际情况也确实如此。比如现在的复成新村7号是民国时期中共南京地下党的接头地点（具体考证见本书"中编"），但相关文献却将这个接头地点写成了复成新村10号。于是使用中的混乱就出现了，很多研究者或老建筑爱好者根据复成新村10号这个信息，直接到现在的复成新村10号去调研、凭吊，并撰文纪念。而据我们的考证，原复成新村10号（现复成新村7号）的主人是国民党将领文朝籍，他于1934年购买此房时，是七十八师师长，年末接任上海市公安局局长。这样，因为研究者没有先期解决门牌号码的问题，就导致使用文献和进一步研究时出现了不必要的混乱（而且很多使用者并未意识到这个问题），这不仅传播了错误的信息，也使得研究无法深入。

陈韶龄、刘正平、郑晓华曾撰文对南京天目路、复成新村、慧园里这三个风貌区进行了专门研究，其中有房产局调档和现场调查环节，并指出：

> 最终形成基础研究成果，包括七图一表（年代、层数、风貌、质量、功能、产权、绿化小品，现状调查一览表）、公众意见调查分析汇总、重要历史建筑归档表（归档索引图、归档表）。[①]

这篇文章发表于 2012 年，没有显示重要历史建筑归档表的内容，可推知其中没有新老门牌对照表。如果有，相信此后的研究者则会按照老门牌来做文献归档工作，就多半不会在研究中出现张冠李戴的情况了。

因此，我们的复成新村研究首先是解密老门牌，确认新老门牌的对应关系。

---

① 陈韶龄、刘正平、郑晓华：《历史文化风貌区保护规划对策初探——以南京天目路、复成新村、慧园里历史文化风貌区保护为例》，《江苏城市规划》2012 年第 9 期。

解密老门牌

2008年出版的《南京名人故居史话》中有一个"南京名人故居一览表"[①]，其中涉及复成新村的部分见下图：

区鼎新公馆	复成新村4号
文熙杰公馆	复成新村7号
金九公馆	复成新村8号
霍明公馆	复成新村9号
文明恕公馆	复成新村10号
雷国英公馆	复成新村11号
余凯文公馆	复成新村15号
张岳灵公馆	复成新村16号
张景山公馆	复成新村18号
萧赞育公馆	复成新村19号
林秋生公馆	复成新村30号
陈杰公馆	复成新村32号
邰寿林公馆	复成新村34号
何金泉公馆	复成新村36号
金毓公馆	复成新村52号

南京名人故居一览表（局部）

[①] 杨小苑、丁波、杨新华编著：《南京名人故居史话》，南京出版社，2008，第161页。

《南京市接管代管房屋简明手册》中登记接管代管的 25 处复成新村房产

根据《南京市接管代管房屋简明手册》和复成新村现场调查得知,上表中的门牌号是现在的门牌号。现根据《南京市接管代管房屋简明手册》和上表对应内容绘制了一个"复成新村部分房屋门牌号码对照表",供读者参考:

民国时期的门牌号码	产权人姓名	现在的门牌号码
2	区鼎新	4
10	文超杰	7
11	霍明	9
11-1	雷国英	11
27	萧化之(萧赞育)	19
31	陈杰	32
32	林秋生	30
35	余凯之	15
37	张岳灵	16
38	张岳灵	

复成新村部分房屋门牌号码对照表

很明显,新老号码是不同的,那其中的对应关系是怎样的呢?

"南京名人故居一览表"编制者杨小苑、丁波、杨新华是研究南京文史的专家,他们对一览表中复成新村名人故居的考证应该是可信的，因此表中所示现在的门牌号与他们主人的对应关系应该是正确的。这就成为破解老号码的基础。

从前文我们知道，复成新村的第一批房屋于1935年开始出售。所以下面先要弄清复成新村中的房子哪些是1935年建成的，当时的规划结构是怎样的。

蔡晴在研究南京近现代建筑的文章中多次引用《南京复成村新厦说明书》和《复成村房屋说明书》中的内容，这说明蔡晴对于这两个资料所呈现的1935年的复成新村是很了解的。蔡晴、姚糖《南京近代住区的营建特征与保护观念初探》（《华中建筑》2006年第11期）一文中有一个"复成新村总平面图"，现根据其图绘制了一个房型分布图（如下）：

复成新村房型分布图

图中标出了甲乙丙丁四种房型，其中第四排有五个丁型房屋：西南角有两栋，东南角有三栋。丁型房是西式平房，现在西南角最西边这栋是二层楼房，它旁边的还是平房，东南角最东边的两栋现为一幢四层楼房，它西边的这栋现为一幢四层楼房。那么问题来了——现在已是楼房的这几栋房子，蔡晴是依据何种资料确定它们原本是丁型平房的呢？我们认为最有可能的来源就是1935年印制的《南京复成村新厦说明书》和《复成村房屋说明书》。因此我们认为"复成新村总平面图"是依据《南京复成村新厦说明书》《复成村房屋说明书》绘制的，应能基本反映1935年的房屋出售和计划建设情况。

在"复成新村房型分布图"中，画斜线的房屋没有标房型，应是计划建造的房屋，属于复成新村的二期工程，其余部分自然是1935年在售的房屋。

1937年12月日军轰炸南京，复成新村受到不同程度的损毁。1946年5月10日，乐居房产公司填报的《财产损失报告单》中显示的损失内容主要有以下几方面：

1. "南京申家巷复成村西部"于"26年12月"被"日军毁坏掠去"，"已建筑楼房三座被毁，材料盗空"。

2. "复成村西部东南角"于"26年12月"被"日军毁坏

掠去""平房材料"、"料房3间"、"平房8间"等。

3."复成村37—39号"于"26年12月"被"日军毁坏",掠去"热水炉、马桶"等。①

可见损毁主要集中在新村西部,上面第2条所指"复成村西部东南角"的"平房8间",应当就是平面图中第四排的五栋丁型房屋和西部边上的三栋丁型房屋。第四排的丁型房屋有四栋现已改为楼房,此前若和其他房屋一样保存完好,应该不会重建楼房。这说明改建为楼房前的房屋已很破败,而这些楼房很可能就是沦陷后由敌伪政府建造的。

被"日军毁坏掠去"的"料房3间",应是平面图中画横线的那三栋房子。因这三栋房子在图上没标示房型,当不属于出售房屋;而1937年二期工程没有完全建好就遭日军轰炸,说明当时这三栋房子可能还是料房。据《维新政府职员录》(1940年3月,第63页)记载,沦陷时期南京警察厅代理三等分队长翟殿云住在复成新村22号。据我们考证,这个22号就是三间料房中最东边的那间。这说明料房确实在沦陷后被改造为住房了。西部边上的三栋丁型房屋,复成

---

① 周红、姜良芹等编:《南京大屠杀史料集(17)·抗战损失调查委员会调查统计》(中),江苏人民出版社、凤凰出版社,2006,第1070页。

新村现在的居民说以前曾是日式平房，屋顶还有琉璃瓦。据此可作初步推断：沦陷后伪维新政府的确对复成新村进行过改建或修缮。

"已建筑楼房三座"，很可能指的就是第一排西边右数第3、4、5栋楼房。因抗战胜利后，张岳灵在复成新村购置了37号、38号两幢房屋，邱清泉购买了第39号房屋，而据我们考证，这三栋房子就是第一排西边这三栋楼房。图中标示的第一排西边右数第1、2栋原是楼房，但现在是平房，据现在的居民（乐居房产公司董事长徐叔明之子）称，当时这两栋平房是建房的工程师住的。因此这五栋房子很可能也是在沦陷后改造或修缮的。

图中红色圈外的房屋变化较大，房型分布也不规律；而圈内房屋很规整，房屋也没有受到日军毁坏，因此可以作为判断新老门牌对应关系的标本。

根据《南京市接管代管房屋简明手册》和"复成新村部分房屋门牌号码对照表"等资料，我们将"复成新村房型分布图"红线内区域的门牌对应关系用下图表示：

黑字：现在门牌号
红字：民国门牌号

					4	
					2	
			9	7	3	
			11	10	8	

从图中对应关系可知，复成新村现在的门牌号是按单双号编排，而民国时期是按照号码自然顺序连号编排的。复成新村的房屋大致是1935年和1937年两次建成，它的编号应是两次完成。因为1935年销售时房屋必有门牌编号，我们推断后来的编号应是在此基础上连号编排的。

在确定标示区域的编号对应关系后，我们依据相关考证资料绘制了"复成新村门牌示意图（五稿）"：

复成新村门牌示意图（五稿）

黑字：现在门牌号
红字：民国门牌号

申家巷1号		18	16	14	12	10	8	6	4	2
36										
26	24	22	20		37	38	39	6	5	4	3	2	1
44	43	42	41	40									

（第二段表）

28		15	13	11	9	7	5	3	1
33		35	34	11-1	11	10	9	8	7
30		17	19	21	23	25	27	29	31
32		28	27	18	17	16	15	14	13
32									
31									

（第三段表）

54	52	50	48	46	46-1	34	36	38	40	
30	29	26	25	24（新）	24	23	22	21	20	19
						44	42			
						23	22			

制表时间：2017年6月9日

第五稿示意图虽然不一定完全正确,但基本上能反映民国时期复成新村的新老门牌号码对应情况。然而参照《南京市接管代管房屋简明手册》,又出现一个问题:军管会的统计中有新24号和老24号,这到底是同一处房产,还是两处房产?如是两处房产,复成新村最南面的一排房屋中可能还存在号码没有对应上的房屋。于是决定再实地调查,发现新24号和老24号分别指向的是现在的46号和46-1号。而分别从46号和46-1号进去,进入的是同一幢楼。《南京市接管代管房屋简明手册》中注明老24号房主为七十四师师长邱维达,新24号为公产,使用人为云南锡业公司南京办事处。经多方查阅资料后推断,新24号和老24号实际指向的是同一处房产,只是先后的使用人不同。

号码大致对应后,开始进行更多的核验。例如已经挂牌的邱清泉公馆,现在的门牌号码为复成新村14号,《南京市接管代管房屋简明手册》中注明是老39号,这个坐标点基本就可以确定下来。

《南京名人故居史话》中确定复成新村10号为文明思公馆,而按民国号码,这一建筑指向的是5号,《南京市接管代管房屋简明手册》中注明5号的使用人为"文鸿恩"。"文明思"与"文鸿恩"字形有些相似,如果《南京名人故居史话》的作者当年依据的材料不清晰，是否存在把"文鸿恩"误写为"文明思"的可能？如果是，就又确定了一个坐标点。

《南京名人故居史话》中确定复成新村36号为何金泉公馆，但在南京档案馆所编《民国珍档：民国名人户籍》中，何金泉的户籍卡上注明其住址为复成新村21号。现在复成新村东南部已无民国建筑，只有两幢现代的四层楼房，分别为38号和40号，经实地勘察，最终认定现在复成新村38号楼房所占位置，为当年20号、21号的位置。何金泉的21号应为现在38号楼的西部，而非《南京名人故居史话》中所说的36号。

《南京市接管代管房屋简明手册》中注明8号的房主为宣介溪的妻子龚德裕，我们推断其对应的是现在的复成新村3号。实地走访后，我们惊喜地发现，此处现居住的正是龚德裕的后人。

之后我们又去南京市档案馆查阅了一些资料，虽然相关资料非常有限，但也印证了我们的一些推断。

我们最终确定了复成新村民国时期门牌号码与现在门牌号码的对应关系，形成"复成新村门牌示意图（最终稿）"，并分别绘制了"如今复成新村门牌号码示意图"与"民国时期复成新村门牌号码示意图"，以供读者对照比较。

复成新村门牌示意图（最终稿）

黑字：现在门牌号
红字：民国门牌号

申家巷1号				18	16	14	12	10	8	6	4	2
36												
26	24	22	20	37	38	39	6	5	4	3	2	1
44	43	42	41									
				40								

28		15	13	11	9	7	5	3	1
33		35	34	11-1	11	10	9	8	7
30		17	19	21	23	25	27	29	31
32		28	27	18	17	16	15	14	13
32									
31									

54	52	50	48	46-1	34	36	38		40
30	29	26	25	46	23	22			
				24	44	42	21	20	19
				（新24）	23	22			

制表时间：2017年7月1日

如今复成新村门牌号码示意图

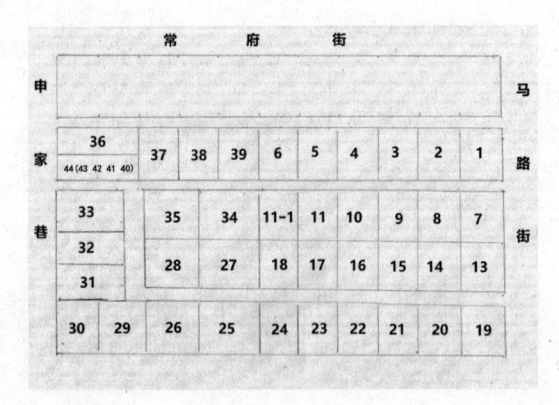

民国时期复成新村门牌号码示意图

048

上编

中编

下编

复成新村1号：区鼎新寓所[①]

民国时期门牌号：复成新村1号
现在的门牌号：复成新村2号

《南京市接管代管房屋简明手册》中无此房屋的任何信息。

复成新村1号为西式平房。前些年马路街拓宽，院子较原先缩小了一些，房屋东侧即为马路了

[①] 根据确切的史料记载及我们的调查所得，对有明确产权人信息的建筑，称为"×××旧居"；而仅有居住信息的则称为"×××寓所"。

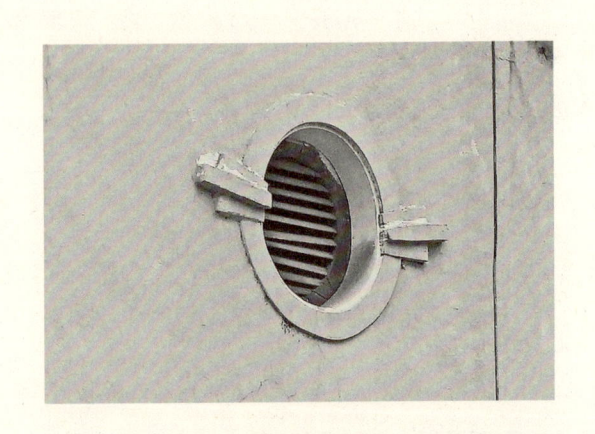

复成新村 1 号通风的气窗装饰的颜色与复成新村里其他几幢有点不同。据说以前房屋的外立面都是如下图红砖的颜色，前些年政府重新整修的时候，对外立面作了一些处理

采访附近居民,有的说1949年后复成新村1号归省委使用,住户更换比较频繁,1949年前住户的情况,则不清楚。隔壁2号现为茶社,老板为台湾人罗先生。他听来茶社闲聊的附近居民说过,好像1949年前1号住的是2号主人的马夫,那时还没有围墙把1号和2号隔开,两家是通的;1949年后1号和2号还短暂提供给幼儿园使用过,围墙则是后来才砌的。据南京市房管局产权处档案室于1995年8月所编《民国时期国民党政府党政军要员在宁房地产情况汇编》记载,区鼎新居住在复成新村2号、4号,但此为新门牌号码,我们推断民国时期的门牌号码即为1号、2号。

复成新村1号和2号间的围墙

复成新村 2 号：区鼎新旧居

> 民国时期门牌号：复成新村 2 号
> 现在的门牌号：复成新村 4 号

《南京市接管代管房屋简明手册》中注明的房屋信息：

地址：马路街复成新村老 2 号
原使用单位或原住人：区鼎新
产权及房主姓名职业：区鼎新　伪立法委员
式样及幢数：西平二幢
间数：8
备注：户名　区祖贻

复成新村 2 号为西式平房，房主区鼎新。关于区鼎新，仅有以下简短资料：

区鼎新，广东顺德人。1927 年 10 月 26 日任国民政府财政部秘书。1933年1月30日任立法院秘书处秘书。1949年3月31日任行政院参事。①

关于区鼎新的资料确实是过于简短，要判断其何时购置了此处房产，有一定难度。从上述简历中，只知区鼎新于20世纪二三十年代在财政部及立法院司职秘书工作，其三十年代中期是否有财力购置复成新村西式洋房，令人怀疑。

但在1930年2月7日出版的第一百四十二期《铁道公报》上，铁道部长孙科于1930年2月4日颁布的"铁道部令第二〇八六号"文件中提到，"兹派区鼎新为本部总务司文书科科长"。此段履历较为有趣。20世纪二三十年代南京大开发阶段，司职铁道部的职员，有实力购置洋房的很多，但大都基于地理位置的考虑，而购置靠城北铁道部较近的颐和路一带的新建西式洋房。不过从区鼎新的就职经历来看，当时应已有相当的财力。由于他于1933年1月已去国民政府立法院任职，购置靠立法院②较近的复成新村西式洋房也在情理

---

① 刘国铭主编：《中国国民党百年人物全书》（上），团结出版社，2005，第258页。
② 1937年南京沦陷前，国民政府立法院的办公地址在斛斗巷张侯府（今白下路273号），与复成新村相距不足600米。

复成新村2号为西式平房，有改造，阁楼空间也较大。现为茶社

之中。

而1948年国民政府立法院职员录中有一位职员的地址也是复成新村2号。这位职员名叫黄亦芬,广东顺德人,35岁,是立法院秘书处的秘书。[①] 区鼎新也是广东顺德人,与黄亦芬可能有一些交集。如是,抗战胜利后,区鼎新有可能还是居住于此。

---

① 民国时期文献保护中心、中国社会科学院近代史研究所编:《民国文献类编·法律卷》(364),国家图书馆出版社,2015,第254页。

复成新村3号：秦德纯寓所

> 民国时期门牌号：复成新村3号
> 现在的门牌号：复成新村6号

《南京市接管代管房屋简明手册》中注明的房屋信息：

地址：马路街复成新村老3号
原使用单位或原住人：伪邮汇局
产权及房主姓名职业：公产
式样及幢数：西平二幢
间数：9

复成新村3号为西式平房，其作为"伪邮汇局"使用的详细信息，我们没有找到，却无意间发现解放战争后期秦德纯出现于此的痕迹。

张全宁《聂绀弩和他神秘的"侍从室秘书"朋友》(刊于2010年第7期《文史春秋》)一文，主要讲述的是蒋介石

前面的两层楼为后期所建,后面的平房为当年的建筑

的侍从室秘书高晶斋。其中提到淮海战役期间,高晶斋"在复成新村三号洋楼,见到时任山东省主席兼青岛特别市市长(的)秦德纯","在两人喝酒时,高晶斋分析了形势,请秦德纯劝驻徐州的兵团副司令冯治安与他一同起义"。

解放战争时期,时任中共安徽省委书记兼金陵支队大队长的宋任穷,和张霖之、彭涛组织一些从南京来的地下党员,编写了一套介绍南京概况的资料。这些来自南京的地下党员,对南京的情况很熟悉。他们在三野联络部整理的材料的基础上,结合南京各方面提供的档案材料,整理汇编成《南京概况(秘密)》上下两册,共三十余万字,内容包括南京土地、人口、国民党军警宪特机构、公私营企业、外侨等各方面的情况。《南京概况(秘密)》于1949年3月印行,供营、团以至师级以上干部阅读参考。

《南京概况(秘密)》中,注明秦德纯的职务是"国民政府国防部次长",住址为鼓楼五条巷15号。他出现在复成新村3号,或许和对面8号的住户——与秦同一时期任职于国民党二十九军的宣介溪有关(详见"复成新村8号:宣介溪旧居")。虽然关于秦德纯与复成新村3号之间的联系我们所知不多,但秦德纯这个人却非常值得我们关注,关于他的履历有很多资料可供参考。

秦德纯(1893—1963),字绍文,山东沂水人。保定军官学校和北京陆军大学毕业。历任陆军第五师团附、参谋长,二十四师旅长、师长,国民革命军第二集团军第二方面军副总指挥兼二十三军军长、十四军军长、总司令部副总参谋长。1930年中原大战后,转任张学良总司令部参议、二十九军总参议。1932年任察哈尔省政府委员兼民政厅长。1935年受国民政府指派与日军代表土肥原签订《秦土协定》。后任察哈尔省政府代主席、冀察政务委员会常委兼北平市长，并被选为国民党中央监察委员。抗战开始时任北平城防总指挥，嗣后任第一集团军总参议、军委会点检委员会副主任委员、军法执行总监部副总监、兵役部政务次长、军令部次长、国防部次长、山东省政府主席兼青岛市长。……1963年逝于台北。[①]

抗日战争初期的长城喜峰口战役，以及1937年的卢沟桥事变，秦德纯均为一线参与者。

秦德纯原是冯玉祥西北军的主要将领之一。1930年春季，阎锡山、冯玉祥合作反蒋，秦德纯任第二集团军参谋长兼前敌总司令部总参议。9月，张学良通电拥护南京政府，派兵入关。冯军瓦解，败退在黄河以北的秦德纯部及其他西北军归张学良节制。蒋介石任命张学良为全国陆海空副总司令。张学良把这部分西北军改编为二十九军，宋哲元任军长，秦

---

① 张宪文、方庆秋编：《中华民国史大辞典》，江苏古籍出版社，2001，第1449页。

德纯任参谋长,后改任副军长。

1933年3月8日,秦德纯率部由遵化出发,赶往喜峰口以南30里的三屯营。三十七师(师长冯治安)作为二十九军先遣部队,3月9日下午一到喜峰口即与日军交战。喜峰口各高地的争夺战持续了三天三夜,中国守军阵地得而复失、失而复得数次。彼时,秦德纯奉命到前线视察,就地与冯治安、张自忠两师长研究如何变被动为主动,决定抽赵登禹旅和王治邦旅,分别从董家口与潘家口夜袭日军侧背。官兵深夜踩着冰雪在崎岖的山地穿越,到达敌炮兵阵地时,日军还在睡觉,多数被二十九军大刀队砍杀。当晚共计歼灭日军步兵两个联队,骑兵一个大队,并破坏日军野炮十八门。日军经此夜袭,心惊胆寒,攻势顿挫,再无大规模进攻,自认喜峰口战役是其侵华以来所未遭遇过的惨败。在这次战役中,秦德纯深入前线指挥,战功卓著,升为陆军中将,获青天白日勋章。①

约在"七七事变"前两年的时间内,宋哲元作为二十九军军长兼冀察政务委员会委员长及北平绥靖主任,所有冀察

---

① 王新哲、刘志强、任方明编著:《保定陆军军官学校史研究》,中国社会出版社,2005,第236—241页。

①喜峰口之惩敌英雄（右至左：冯治安、秦德纯、宋哲元、张自忠）。
②宋哲元在战地中之题字。③曾歼敌无数，著有殊勋之大刀队（原载 1933 年《良友》第 75 期）

两省平津两市之政务及驻军统归其节制指挥。二十九军下辖四个师，冯治安的三十七师分布在北平、南苑、西苑、丰台、保定一带，冯治安兼任河北省政府主席；张自忠的三十八师分布在天津、大沽、沧县、廊坊一带，张自忠兼任天津市市长（之前由萧振瀛担任）；刘汝明的一四三师分布在张家口、张北县、怀来县、涿鹿县及蔚县一带，刘汝明兼任察哈尔省政府主席；赵登禹的一三二师分布在北平地区。秦德纯时任二十九军副军长，兼任北平市市长。

1937年2月，宋哲元请假回老家，与日本人斡旋交涉之事则全落在秦德纯身上。7月7日下午，秦德纯在市政府宴请北平文化界负责人胡适、梅贻琦、张知本、傅斯年等二十余人，报告局势紧张情形，交换应付意见，晚上10时散会。散会后不到两个小时，11时40分，"七七事变"爆发。秦德纯以电话告知冯治安师长及驻卢沟桥的吉星文团长，7日夜11时40分至8日凌晨2时同日方交涉的情况，并要求吉星文团长严密戒备，准备应战，指示："保卫领土是军人天职，对外战争是我军人的荣誉，务即晓谕全团官兵，牺牲奋斗，坚守阵地，即以宛平城与卢沟桥为吾军坟墓，一尺一寸国土，不可轻易让人。"8日拂晓约5时，日军在宛平城的东面、东南面及东北面展开包围态势，再度要求进城被拒后，开始炮轰宛平城，战斗正式打响。经过8、9两日的交战，双方均得到了及时增援，战事逐渐扩大。16日，宋哲元从山东返回北平，主持大计。28日晚9时，奉蒋介石电令，宋哲元率秦德纯、冯治安等移驻保定。从此，抗日战争遂全面展开。[①]

1948年12月，秦德纯出任山东省政府主席兼青岛市市长。1949年2月，秦德纯在上海设立山东省政府办公处，3月上旬到青岛就职，3月底回到南京。

---

① 秦德纯：《秦德纯回忆录》，传记文学出版社，1981，第1—16页。

复成新村4号：文鸿恩寓所

> 民国时期门牌号：复成新村4号
> 现在的门牌号：复成新村8号

《南京市接管代管房屋简明手册》中注明的房屋信息：

地址：马路街复成新村老4号

原使用单位或原住人：伪上海市警察局长文鸿恩

产权及房主姓名职业：文念祖

式样及幢数：西楼一幢　平一幢

间数：9

此幢公寓门口挂有南京市人民政府颁布的公示牌：

南京重要近现代建筑　　　　　　　编号：2013061
　　　　　　原金九寓所

建于20世纪30年代，为一栋二层砖木结构楼房，韩国流亡政府领导人金九曾在此居住。金九，号白凡，韩国著名的独立运动家。

南京市人民政府
2013年10月

据顾颉刚在其1937年的日记中记载，该年1月，他曾到复成新村4号吴德生家中吃饭，因此金九当时住在复成新村4号的可能性不大，故此栋建筑是否确为"原金九寓所"还有待探究。

同在复成新村的邱清泉公馆前，则挂有两块牌子，一是"南京重要近现代建筑"，二是"南京市文物保护单位"。而复成新村4号未被认定为"南京市文物保护单位"，该是有一定的缘由吧。

复成新村4号的产权人为文念祖，5号的产权人为文国陵，而从查阅到的资料来看，4号和5号的使用者却是同一个人：文鸿恩。复成新村由南京乐居房产公司开发建设，该公司成立于1933年，而文鸿恩1932年10月任上海市公安局局长，1934年11月病逝。文鸿恩病逝时，复成新村是否已经建好并投入使用；文念祖、文国陵与文鸿恩有何关联；文鸿恩当时人在上海，却为何在南京同时使用两栋楼房；这

复成新村4号依旧保持原貌

两栋楼房为何直至1949年产权关系都没发生变化……这些都需要慢慢寻找答案。

文鸿恩（1892—1934），字对庭，广东省文昌县人。云南陆军讲武堂毕业。

曾任孙中山广东讨贼军总指挥部参谋，1922年6月陈炯明叛变后，随警卫军军长吴铁城参加讨伐陈炯明之役。1924年，任警卫军营长。1925年8月，警卫军改编为国民革命军程潜第六军十七师，文任该师之团长。1926年北伐兴师后，随程潜进入江西。北伐军攻克南昌后，文升任少将团长。1927年克复南京后，升任第十七师师长。程潜被排斥，改隶杨杰第六军，是年八月，孙传芳渡江反扑，文于南京铜井镇之役负伤。1928年随军至河北马厂。后又班师驻江苏丹阳。后因反对内战，请准辞职，旋被派赴法国视察军事。1931年归国，任国民政府参议院参议和陆军步兵学校研究委员。1932年"一·二八"上海抗战后，任上海市公安局局长。1934年11月，死于上海。①

文鸿恩于1932年10月受时任上海市市长的吴铁城举荐，任上海市公安局局长。

吴铁城在国民政府及国民党内，一直是重要人物之一。1917年7月，吴铁城在广州参加"护法"运动，并担任大元帅府参军，专门负责联络各方。1928年秋，吴铁城受南京国民政府委派，赴东北劝说张学良易帜，使东北统一于中央政权之下。1929年，吴铁城作为迎榇专使奉命赴北平迁移孙中山灵柩到南京安葬。1930年夏，吴铁城与张群赴东

---

① 王俯民编著：《民国军人志》，中国广播电视出版社，1992，第70页。

左上：文鸿恩（原载《商报画刊》1932年第10卷第02期）

北，成功说服张学良拥护蒋介石、反对冯玉祥和阎锡山，取得中原大战的胜利。1931年10月，吴铁城任南京政府代表，与广州政府代表在上海谈判，结束了宁粤分立的局面。1932年1月，吴铁城任上海市市长兼淞沪警备司令。1937年3月，吴铁城任广东省主席。1939年春，吴铁城任国民党中央海外部部长。1946年，吴铁城出任中央党部秘书长。1948年11月26日，蒋介石提名孙科继任行政院院长，吴铁城于12月20日出任国民政府行政院副院长兼外交部部长。

自1922年起，文鸿恩就跟随吴铁城，深得吴的信任。1927年北伐至南京时，文鸿恩已是十七师中将师长。吴铁城于1932年1月任上海市市长后仅几个月，就举荐文鸿恩接任上海市公安局局长。

文鸿恩于1934年11月去世，而自1932年4月上海虹口爆炸案后，金九辗转于嘉兴、杭州、镇江等地，于1935年10月才将韩国临时政府迁至南京，和嘉兴船娘朱爱宝在南京的淮清桥附近租房居住。金九（或是金九的母亲）在复成新村居住，是否和文鸿恩或吴铁城有关，也着实让人感兴趣。

由下页照片可推断，文鸿恩有两男一女三个孩子，前文中提到的文念祖和文国陵很可能就是这两个小男孩；而吴铁城与文鸿恩的关系也非同一般。

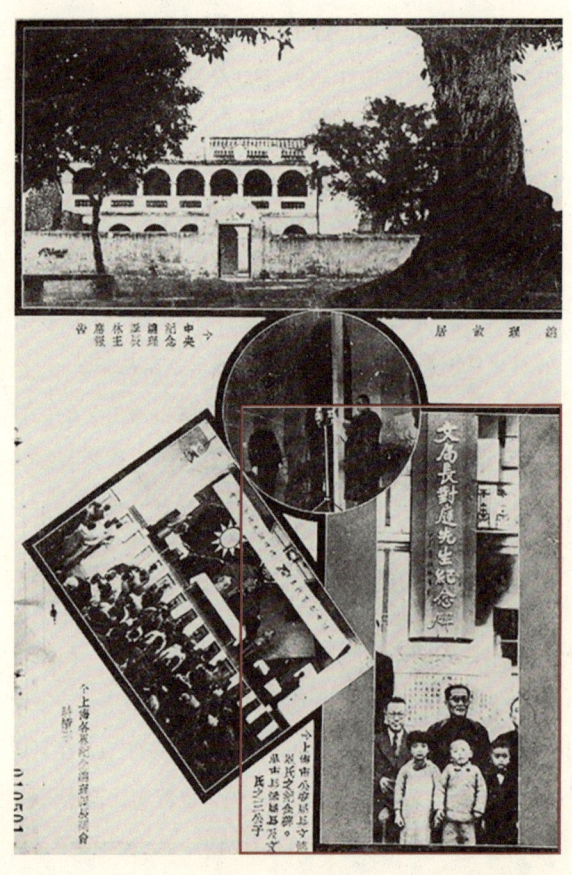

右下：吴铁城（左二）与文鸿恩后代（前排）于文鸿恩纪念碑前留影（原载《新人周刊》1936年第3卷第14期）

顾颉刚在其1937年的日记中有如下记载：

一月十六号星期六（十二月初四）
……
吴德生派车来接，到其复成新村四号寓中吃饭，谈至八时半归。……①

顾颉刚是否常来复成新村4号吃饭？当年是否有更多其他文人来此聚会？这些都很值得探究。

日记中提到的吴德生，与徐志摩是要好的朋友。1922年3月，徐志摩和张幼仪在柏林吴德生家中协议离婚，并由吴德生、金岳霖作证。

吴经熊（1899—1986），字德生，……浙江鄞县人。生于1899年3月28日……早年曾就学于沪江大学、北洋大学、东吴大学。1920年留学美国密歇根大学法学院，次年获法学博士学位。1921年起任巴黎大学、柏林大学、美国哈佛

---

① 顾颉刚：《顾颉刚全集·顾颉刚日记》（卷3），中华书局，2011，第586—587页。

大学研究员。1924年回国后,任教于东吴大学、政治大学、光华大学。1927年任上海租界工部局市政府顾问,后任东吴大学法学院院长。……1949年迁居美国,任夏威夷大学客座教授。1951年任新泽西州塞顿大学教授,1961年任该校亚洲学术教授。1966年去台湾,……1986年2月6日在台北逝世。著有《法律哲学研究》《哲学与文化》《新经全集》《法律之艺术》《正义之源泉》《内心乐园》《犯罪论》,以及《孙中山传》(英文)等书。①

---

① 刘国铭主编:《中国国民党百年人物全书》(上),团结出版社,2005,第1047页。

复成新村5号：韩国驻华代表团旧址

> 民国时期门牌号：复成新村5号
> 现在的门牌号：复成新村10号

《南京市接管代管房屋简明手册》中注明的房屋信息：

地址：马路街复成新村老5号
原使用单位或原住人：伪上海市警察局长文鸿恩
产权及房主姓名职业：文国陵
式样及幢数：西楼一幢　平一幢
间数：9

复成新村5号和韩国有着千丝万缕的联系，而5号和4号的外观几乎一致，这或许是导致很多研究者把4号误认作金九寓所的一个因素吧。

复成新村5号全貌

此为复成新村4号、5号的背面，左边为4号，右边为5号，两栋楼的结构一致

2018年初,南京遭遇多年罕见的大雪,雪停一周后,好多房屋屋顶上的积雪还未化尽。远远望去,复成新村4号(右)、5号(左)如双胞胎,就连屋顶的积雪也一样,很是显眼

1934年7月,金九的母亲郭乐园和次子金信从嘉兴到南京,先是暂住在城内柳叶街56号卢泰然家,不久迁至八宝后街23号,金九和嘉兴船娘朱爱宝则另租城内秦淮河附近一间房同居。①1935年10月,大韩民国临时政府迁至南京后,金九可能把母亲安置在复成新村(不知是否就在5号),

---

① 参见崔凤春《金九特务队研究》,载石源华主编《韩国独立运动研究新探》,社会科学文献出版社,2010,第74页。

或马路街一带。金九在其自传中叙述:

中日战争蔓延到江南,上海的战况渐对中国不利,日本空军对南京的空袭也愈来愈甚,我住的淮清桥的房子也在轰炸中被毁,我和朱爱宝幸得免于一死,邻居则尸体遍横。只见南京各处火焰冲天,夜晚的天空被染得通红。等到天亮后,经过倒坍的房屋和遍布尸体的街道,去马路街母亲的住处,母亲亲自开门,我安慰她老人家说:

"母亲,你受惊了吧?"

可是她却笑着说:

"受惊?有什么可紧张的,只不过床有些晃动而已。"

又问死的人多不多,我说来这儿看到附近不少人受了伤。母亲又问我们的人受伤了没有,我说我正想去看看。

于是立刻到同胞的住处去查看,虽然受了惊,但都无大碍,住在蓝旗街的许多学生也都平安无事。①

1947年1月4日,韩国临时政府驻华代表团致函国民

---

① 〔韩〕金九:《白凡逸志》,宣德五、张明惠译,民主与建设出版社,1994,第235页。

党中央秘书处,告知该团自1947年元旦起,改称"韩国驻华代表团",以适应韩国国内政局发生的重大变化,声明不再使用韩国临时政府的名称。①

1947年1月11日,韩国独立党朴纯致函国民党中央秘书处吴铁城,抄送韩国独立党驻中国总支部各级党部负责人住址一览表,转饬保护。函中注明韩国独立党中国总支部的地址为南京太平路329号。②

1947年3月4日,韩国驻华代表团团长朴纯致函国民党中央秘书处吴铁城,称代表团太平路329号办公房及文昌桥15号职员宿舍均须迁让,另行租赁,非数千万元难以解决,"敝团经费久已告罄,不但诸多工作未能展开,且本身必要开销亦已无法支付,致十分彷徨,特函恳我公惠赐垫借四千万元以资维持"③。

由上述记载大致能判断出,韩国驻华代表团(韩国临时政府驻华代表团)先前的办公地点在太平路329号,很可能1947年3月以后搬迁,至于具体何时搬至复成新村5号的,

---

① 石源华、蒋建忠编著:《韩国独立运动与中国关系编年史(1919—1949)》,社会科学文献出版社,2012,第1580页。
② 同上,第1582页。
③ 同上,第1602页。

尚不清楚。但濮纯（朴纯）于1947年9月13日为"芜湖狮子桥房产案"致吴铁城的信中，就已经使用"复成新村五号"这个地址了。

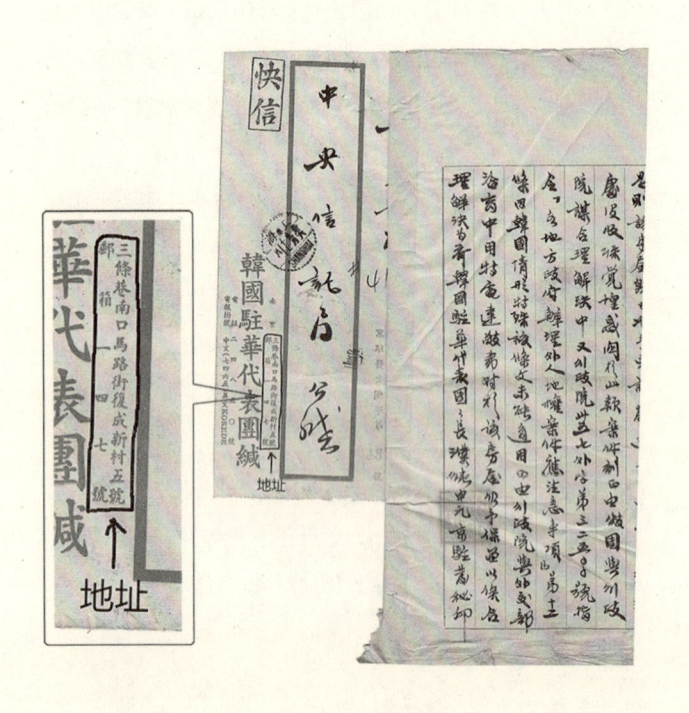

濮纯（朴纯）于1947年9月13日为"芜湖狮子桥房产案"致吴铁城的信，信封上标注的地址为"南京三条巷南口马路街复成新村五号"

1948年10月11日,韩国驻华代表团闵石麟致函吴铁城,提出代表团业告结束,唯为工作及掩护起见,"拟成立中韩文化服务社","一方面采营业性质,编译介绍中韩书报及出版刊物,另方面作敝党工作之掩护用","本社总社暂设中国南京马路街复成新村五号"。①

由此可推断,相比复成新村 4 号,复成新村 5 号为金九寓所的可能性更大,但称为韩国驻华代表团旧址更合适。

韩国驻华代表团成员在驻地大门前合影。坐者为代表团长朴赞翊(朴纯)(原载 [韩] 金俊烨编《石麟闵弼镐传》1995 年版)

---

① 石源华、蒋建忠编著:《韩国独立运动与中国关系编年史(1919—1949)》,社会科学文献出版社,2012,第1675—1676页。

复成新村 6 号

> 民国时期门牌号：复成新村 6 号
> 现在的门牌号：复成新村 12 号

《南京市接管代管房屋简明手册》中无此房屋的任何信息。

复成新村 6 号为西式楼房，外观基本保持原貌

复成新村7号：河海同学会会所旧址

民国时期门牌号：复成新村7号
现在的门牌号：复成新村1号

《南京市接管代管房屋简明手册》中无此房屋的任何信息。

复成新村7号为西式平房，外观基本保持原貌

复成新村7号现为西式平房,此房最早的买主为河海同学会。1936年1月出版的《河海友声》第九卷第一期报道了河海同学会在南京复成新村廉价购置小洋房作为会所的经过,并称该房"为乐居房产公司所建……乐居公司本由汪干夫同学与在京工程界同人所创办……"[①]

刊登在1937年3月20日《河海友声》第十卷第三期上的《会所基金捐款总报告》中写道:

……原定捐款总额为五千元,经各队长之努力劝捐,各位师长同学之踊跃输将,而会外人士热诚捐助者亦不少,总计实收捐款达八千元以上,并已于二十四年年底选购南京复成新村七号房屋一幢为会所(全部房价六千九百八十元)。所有各项情形前已分载友声各期,现在募捐事宜已经结束……

从公开刊登的明细中可以看出,李仪祉、杨允中、林平一、汪胡桢、顾世楫、许心武、须恺、萧开瀛、陈和甫、沈

---

① 嘉兴市政协文史资料委员会编:《一代水工汪胡桢》,当代中国出版社,1997,第24页。

河海同学会会所募捐明细（原载1937年3月20日《河海友声》第十卷第三期）

百先……这些水利界的重要人物，都为河海同学会踊跃捐款。

同期的《经管会所账目收支报告》中还写道："本会会所系于二十四年十二月间向乐居房产公司购定复成新村七号房产一所，计房地价陆千玖百捌拾元。在会所捐款基金拨付已另详报告，嗣以此项会所出租与南京中孚银行襄办陆襄琪君

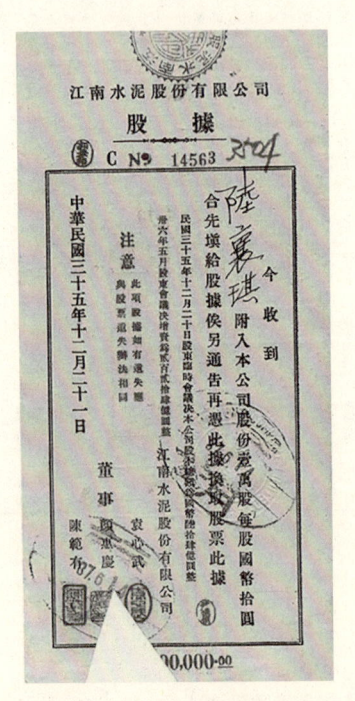

复成新村 7 号从一开始就由中孚银行襄办陆襄琪租住，但 1937 年 7 月之后，只有杨惺华居住于此的信息。由 1946 年 12 月江南水泥股份有限公司开具的股据可知，陆襄琪抗战胜利后应该还在南京，但其是否仍租住此处，则不清楚（张元卿藏品）

居住，按月收取房租捌拾元……"

汪伪时期，复成新村7号则成了周佛海妻弟杨惺华的住所。周佛海通过设在杨惺华位于复成新村7号官邸内的电台，与军统方面联系。①

抗战胜利后，国民政府由重庆迁返南京，当时在重庆的许多集邮爱好者也随之东返，于是有人提出成立"首都集邮学会"的动议。1946年9月由赵翔云发起筹组，先后召开过三次筹备会。后赵翔云调职上海后，王季庵、钱慕仑等出面继续筹备，呈报市社会局备案。翌年9月7日，在二区马路街复成新村7号席玉麟寓所召开成立大会。到会70多人，新街口邮局集邮组组长陈在文也应邀参加。会上选举张枕鹤为理事长，席馨、吴乃器等13人为理事，崔迪登等5人为监事，并聘请赵翔云、钟笑炉、赵善长担任顾问。②

1949年前席馨为宪兵司令部军法处副处长，我们推断席玉麟应该就是席馨。③

---

① 张全宁：《周佛海保释36名国民党抗日骨干的秘闻》，《钟山风雨》2012年第6期。
② 南京市白下区政协文史资料工作委员会编印：《白下文史》（第9集），1992，第150页。
③ 书报简讯社编：《南京概况（秘密）》，南京出版社，2011，第184页。

复成新村8号：宣介溪旧居

> 民国时期门牌号：复成新村8号
> 现在的门牌号：复成新村3号

《南京市接管代管房屋简明手册》中注明的房屋信息：

地址：马路街复成新村老8号
原使用单位或原住人：龚德裕　伪皖行政专员宣介溪之妻
产权及房主姓名职业：龚德裕
式样及幢数：西平二幢
间数：8

复成新村8号为西式平房。此房产为宣介溪的夫人龚德裕于20世纪30年代初购买。龚家是当时合肥的名门望族，为"龚张李段"之首。龚家的后人现仍居住于此。

复成新村8号内部结构没有任何改动,保持原貌(外立面后由政府做过翻新)

据龚德裕的子女讲述,当年龚德裕并未看上宣介溪,是龚的表哥孙立人极力推荐宣介溪,最后才促成这段姻缘。资料显示,宣介溪的经历也不同寻常,和宋哲元的二十九军有很深的渊源。

宣介溪,学名松如,安徽六安人。毕业于北京大学。曾任宋哲元第二十九军政训处处长。1937年5月奉蒋介石令任军事委员会政训处处长,军阶陆军少将。1942年任贵州省政府顾问。1947年9月1日派为安徽省第五区行政督察专员兼保安司令。①

宣介溪于1933年到二十九军任政训处处长,是由刘健群安排的。当时蒋介石为军事委员会的委员长,刘健群则为军委会的政训处。那时北方各军包括东北军、西北军、山西军,以及孙殿英、沈克、冯占海等部。为团结北方各军一致御敌,不受敌人挑拨分化,蒋介石派刘健群去北方主持政训工作。刘健群先成立华北宣传总队,到北方社会做宣传工作,然后从社会转入军中,改为军中政训处。

华北宣传总队初到北平时,处境非常困难,二十九军的抵触情绪尤为突出。此时二十九军军长为宋哲元,秦德纯为参谋长,萧振瀛为总参议,下面四位师长分别是张自忠、冯治安、刘汝明、赵登禹,重要事务主要由宋哲元、秦德纯和萧振瀛三人谋划定策。刘健群先是派林树恩去二十九军,但林树恩很快辞职了;又请原派往东北军于学忠部的宣介溪去

---

① 刘国铭主编:《中国国民党百年人物全书》(下),团结出版社,2005,第1648页。

二十九军，宣欣然前往。未及半载，宣介溪就与宋哲元及其他重要干部如秦德纯、冯治安、张自忠、刘汝明和萧振瀛等人成为莫逆之交。

对宣介溪那段时期的工作情况，刘健群回忆道："宣同志与二十九军相处之委婉曲折，非言可尽，但他对国家贡献之大，确在我敬爱的回忆中永远不忘的。"①

刘健群提及的"委婉曲折"，从宣介溪1935年底突然被日本特务绑架这一事件即可看出一二。

据宣介溪当年的部下叶逸凡叙述，1935年冬天的一个早晨，宣介溪突然被日本特务捕送天津日本宪兵司令部。宋哲元闻讯后勃然大怒，将秦德纯、萧振瀛找来，拍着桌子说："我要你们立刻去和日本人交涉，限他们在二十四小时内将宣处长安全地放出来，如果到时不放，我就捉他们，反正大家乱干就行了。"②还放出狠话说："宣介溪是不是蓝衣社，我不知道，但他是我的朋友，如果你们不立刻放他出来，我不

---

① 刘健群：《我与宋哲元将军的几次交往》，载《传记文学》编《十四年：从1931到1945》，台海出版社，2016，第123页。
② 叶逸凡：《印象深刻的三件事》，载《传记文学》编《十四年：从1931到1945》，台海出版社，2016，第170页。

惜同你们破脸。"①总之态度很强硬。日本特务突然抓捕宣介溪,其实是想试探宋哲元,从而进一步侵占华北。日本放不放人,全看宋哲元的态度。"秦、萧奉命前去交涉,果然日方依限将宣先生送出。"②

叶逸凡表示,他所说的场景是宣介溪夫人龚德裕在宋哲元家亲见的情景,宣夫人与他见面时告诉他的。此场景在我们后来与龚德裕后人的交谈中也得到了证实。龚的后人说,宣介溪被抓,龚德裕着急了,直接去找了宋哲元;还说龚德裕和宋哲元太太的关系非常好,也常常和李宗仁太太一起打麻将。

也有不少资料提及,宣介溪很快被释主要是冯治安、刘汝明、赵登禹等将军对日方的施压。如《民国高级将领列传》中就描述,冯治安、刘汝明、赵登禹向负责中日双方传话的陈觉生(亲日派)施压。赵登禹说:"限日本人两小时以内,好好地把人送回。超过时限,我们就干啦!先把平津一带的日本人杀光再说!"不久日本方面将宣介溪送回,并称此次

---

① 刘健群:《我与宋哲元将军的几次交往》,载《传记文学》编《十四年:从1931到1945》,台海出版社,2016,第125页。
② 叶逸凡:《印象深刻的三件事》,载《传记文学》编《十四年:从1931到1945》,台海出版社,2016,第170页。

秦萧交涉结果 日方允停止捕华人 宣介溪等恢复自由（原载 1935 年 11 月 12 日《时报》）。当时宣介溪为二十九军政训处处长，秦德纯为二十九军副军长兼北平市市长，萧振瀛为天津市市长

抓人是"误会"①。

自 1937 年 12 月南京沦陷至 1945 年日本投降，这期间何人居住于复成新村 8 号，无任何文字记载。此后，复成新村 8 号应该是回归了宣家。政协安徽省定远县委员会文史委

---

① 王成斌等主编：《民国高级将领列传》（第 2 集），解放军出版社，1988，第 420 页。

于1995年所编的《定远春秋》（第三辑）中有文提及，由宣介溪举荐为安徽定远县县长的吴思培，于1948年11月从定远逃到南京，住进宣介溪购置的复成新村8号，和宣介溪的哥哥宣述尧住在一起。宣述尧原为安徽省天长县税捐征收处主任。

而我们发现南京市档案馆编的《民国珍档：民国名人户籍》（南京出版社2013年版）中展示的刘心皇的户籍卡，其登记地址显示也为复成新村8号。

刘心皇（1915—1996），现代作家，文学史家。河南省叶县人。抗日战争前从事文艺创作，创办并编辑有多种文艺刊物。1948年当选为第一届国民大会河南省农会代表，在南京参加第一次国大会议。1948年年底，离开大陆去了台湾。[1]

从资料来看，刘心皇确于南京短暂停留过，但其是否曾居住于复成新村8号，则尚不清楚。至于其本为河南人，户籍登记地却为何在南京，就更不得而知了。

---

[1] 王晋民、邝白曼编著：《台湾与海外华人作家小传》，福建人民出版社，1983，第147—148页。

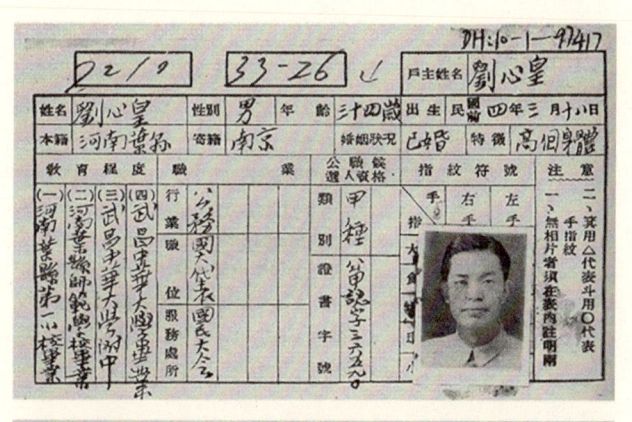

民国时期刘心皇的户籍卡

复成新村9号

民国时期门牌号：复成新村9号
现在的门牌号：复成新村5号

《南京市接管代管房屋简明手册》中无此房屋的任何信息。

复成新村9号为西式平房，基本也是保持原貌

复成新村 10 号：文朝籍旧居　中共南京市委办公旧址

> 民国时期门牌号：复成新村 10 号
> 现在的门牌号：复成新村 7 号

《南京市接管代管房屋简明手册》中注明的房屋信息：

地址：马路街复成新村老 10 号
原使用单位或原住人：文超杰
产权及房主姓名职业：文超杰　伪师长
式样及幢数：西楼一幢　平一幢
间数：12

复成新村 10 号为西式楼房。军管会的资料显示房主为文超杰。

关于文超杰，除了听说其为国民党的一位师长，一直未能查到更多信息。但我们发现有一人的情况值得探究。

此人叫文朝籍，复成新村 4 号和 5 号的使用者文鸿恩是

复成新村10号为西式楼房,现已加盖了一层,变为一座三层小楼了

他的侄儿,但年龄上文鸿恩比文朝籍大几岁。两人同时考入云南陆军讲武堂第十二期。毕业后,文鸿恩和文朝籍都跟随着吴铁城。文鸿恩晋升较快,他于1927年担任中将师长时,文朝籍才担任上校团长。文鸿恩于1932年10月任上海市公安局局长,文朝籍于1934年初任七十八师师长。文朝籍任师长的七十八师,与胡宗南任师长的第一师同隶属于第一军,为国民革命军的王牌部队。

文鸿恩于1934年11月去世,吴铁城则调来文朝籍接任上海市公安局局长。但文朝籍上任仅两个月就辞去了公安局局长职务，而当时七十八师师长一职则已经被桂永清接任。之后文朝籍主要在卫立煌、程潜等部任副参谋长，后来也曾任陕甘边区副总司令、第三十六集团军副总司令、联勤部广西供应局局长等职。

我们认定复成新村10号的房主为"文朝籍"而非"文超杰"，主要是从以下信息进行判断的：

一是依照我们经推断而绘制的民国时期复成新村门牌号码图（见本书第48页），10号与4号是门对门。文朝籍与文鸿恩为叔侄关系，文鸿恩购买了4号和5号，那么文朝籍在对门购买10号，是极有可能的。另外，军管会的手册上注明4号、5号、10号均为西式楼房，而依照现在的门牌号码，4号、5号原均为西式平房，只有10号为西式楼房，这与手册显然对应不上。

二是文鸿恩购置4号、5号，文朝籍购置10号的时间，应在1934年初。当时文鸿恩仍健在（11月去世），而文朝籍也正好刚任七十八师师长之职，七十八师驻扎在芜湖一带，离南京较近，文朝籍在南京购置房产，自用的可能性很大（后接任文朝籍的桂永清就是住桃源新村，而复成新村、桃源新村都是由同一家房产公司——南京乐居房产公司建造的）。但由于文鸿恩去世，文朝籍被调往上海任职，其后则主要在

民国时期的门牌号码

6号	5号（文鸿恩）	4号（文鸿恩）	3号	2号	1号

11-1号	11号	10号（文超杰）	9号	8号	7号
18	17	16	15	14	13号

马路街

按民国时期的门牌号码，4号、5号靠在一起，也符合《南京市接管代管房屋简明手册》中注明的信息，为西式楼房，而10号也为西式楼房，且和4号门对门，文鸿恩与文朝籍如此选择，是非常合理的

国内到处征战，南京的房产（包括文鸿恩的4号、5号）应该都是以租赁为主，或是请与中统关系不一般的乐居房产公司代为打理。"文超杰"与"文朝籍"，两个名字的读音非常相似。当年军管会接管时，应该是无法和房主面对面核对

的（文朝籍去了台湾），如依据旁人的口述，只是记下比较零星的信息，如房主为一位师长，名字叫"文超杰"，等等，那么"文超杰"则极有可能为"文朝籍"之笔误。

20世纪40年代后期，复成新村10号曾是中共南京市委的秘密联络点。

1945年10月，陈修良的丈夫沙文汉（1949年后浙江省第一任省长）任中共华中分局城工部部长，领导除上海以外的江南地区城市中地下党的工作。城工部下设南京工作部，陈修良任部长。1946年4月，中共中央华中分局决定重建南京市委，陈修良任书记。陈修良赴南京前，沙文汉以七绝《丙戌春送陈修良赴南京，赠诗以壮其行》相赠：

男儿一世重横行，巾帼岂无翻海鲸。
欲得虎儿须入穴，如今虎穴是南京！

南京市委不设工作机构，由分局城工部领导。机关先后设在武学园3号楼上、湖南路233号、马路街复成新村10号。各系统党组织按行业调整，由市委委员分工联系。

复成新村地处国民党要员聚居区，十分便于掩护地下工作。沙文汉的大哥沙孟海当时在教育部任职（教育部长朱家

复成新村（下）与树德里（上）相距仅一百多米

骅的秘书），住四条巷树德里总统府宿舍，离复成新村也不过一两百米，照应起来也很方便。1949年初，在沙孟海辞官回老家后，陈修良就搬到树德里沙孟海的宿舍，继续领导南京市委的工作。

复成新村 11 号：霍明旧居　《建国评论》办公旧址

> 民国时期门牌号：复成新村 11 号
> 现在的门牌号：复成新村 9 号

《南京市接管代管房屋简明手册》中注明的房屋信息：

地址：马路街复成新村老 11 号

原使用单位或原住人：霍明

产权及房主姓名职业：霍明　中山大学教授

式样及幢数：西楼一幢　平一幢

间数：13

我们几经周折，并未查到中山大学曾有一位叫霍明的教授，也未查到任何相关的个人信息。我们一度怀疑是否有"霍明"这个人，甚至认为这只是个化名。后来我们在中国第二历史档案馆的《国立中山大学南京同学会校友通讯录》(1948 年 3 月) 中查到了霍明的信息，他确实与中山大学有关，但他不是教授，只是毕业于中山大学，后来任职于联勤总部外事处。

另外，从资料显示来看，复成新村11号在解放战争时期还是一家杂志社的办公地。

《建国评论》
社址　　申家巷复成新村十一号
发行人　陶素
主编　　李觉公①

复成新村11号应该有翻盖，后面的三楼应该是加盖出来的

---

① 书报简讯社编：《南京概况（秘密）》，南京出版社，2011，第413页。

复成新村 11-1 号：陶守伦办事处

> 民国时期门牌号：复成新村 11-1 号
> 现在的门牌号：复成新村 11 号

《南京市接管代管房屋简明手册》中注明的房屋信息：

地址：马路街复成新村老 11-1 号
原使用单位或原住人：伪云南警备总司令部驻京办事处
产权及房主姓名职业：雷国英
式样及幢数：西楼二幢
间数：15

根据本书"上编"对复成新村门牌编号的考证，民国时期复成新村 11-1 号对应的是现在的复成新村 11 号。

现在的复成新村 11 号院内有两幢西式楼房，与手册信息一致。

复成新村 11-1 号的产权人雷国英是陶守伦的妻子。

陶守伦，贵州贵阳人，早年任二十五军（军长王家烈）第一师（师长何知重）无线电台台长，1942年任第二军（军长李延年、副军长王凌云）、第八军（军长郑洞国、副军长

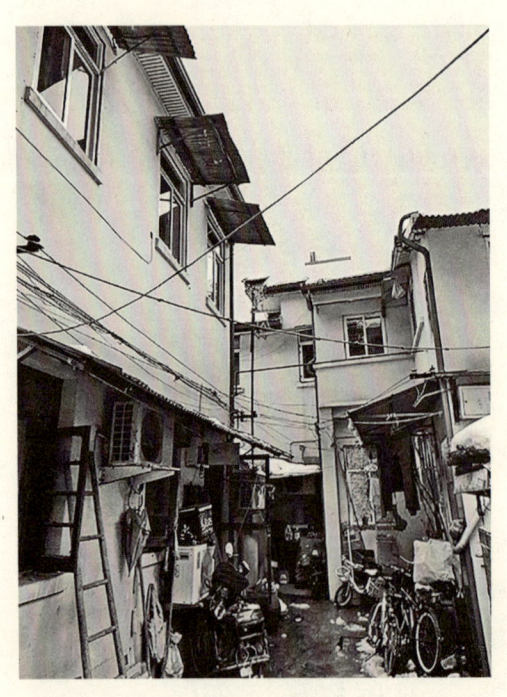

如今复成新村11号院内有两幢靠得较近的西式楼房

何绍周，1943年1月，何绍周任军长）驻重庆办事处处长。抗战胜利后，陶守伦又是多支部队驻南京办事处的处长（主任），主要负责部队的后勤采办。

陶思之、孙惟仁在《陶守伦先生生平事略》一文中有如下叙述：

> 抗战胜利后，部队整编，何知重调任十九兵团司令，仍任父亲（陶守伦）为驻京（南京）办事处少将处长，由于父亲多年来担任几个军师的办事处主任（处长），第二兵团司令李延年，驻河南之十三绥靖区兵团司令王凌云、副司令万式炯等，亦聘请父亲兼任他们兵团及所属部分军的办事处长，父亲身任三个兵团的后勤重责，兢兢业业。[①]

万式炯在《白崇禧出任华中"剿总"及其彻底失败经过》一文中明确称"复成新村11号"为"陶守伦办事处"：

> 1949年元月21日，我回汉口乘飞机到南京。一下飞机，

---

① 中国人民政治协商会议贵州省委员会文史资料委员会编：《乡思·友谊·故园情——台港澳及海外文史资料专辑》，贵州人民出版社，1992，第108页。

我就往南京马路街复成新村11号几个单位联合办事处——陶守伦办事处。适有陈诚的办公室主任车藩如在座。①

另有一位国民党将领陈铁也有在南京"陶守伦处"出入的信息:"笔者正从沈阳转至上海,预料不到的得知陈铁住在为黔军何绍周、王伯勋两部办理'联勤'的陶守伦处。"②

由此可知,陶守伦为多支部队服务的联合办事处被简称为"陶守伦办事处"。万式炯是国民党高级将领,他文中写的"复成新村11号"应是民国时期的门牌,那么房主就是霍明。那么它为何又成了"陶守伦办事处"呢?这便需要考证一下民国时期复成新村11号与11-1号两者之间的关系。

在查阅相关资料后,我们认为民国时期的"11号"和"11-1号"这两个号码应形成于抗战胜利后,是当时国民党有关部门接收复成新村时编定的。这两处房产既然都共用一个"11号",说明它们的实际使用者极有可能是同一个人(或机构)。

---

① 中国人民政治协商会议湖北省委员会文史资料研究委员会编印:《湖北文史资料·新桂系在湖北专辑》,1987,第228页。
② 朱振民:《陈铁与八路军将领的接触及其与卫立煌的关系》,载中国人民政治协商会议遵义市委员会文史资料研究委员会编印《遵义文史资料·第7辑·关于抗日战争时期的遵义》(上),1985,第84页。

陶守伦负责几个兵团的后勤采办，而复成新村11号的房主霍明任职于负责军队后勤保障工作的联勤部，两者之间应有一定的交集。霍明当时只是一位刚大学毕业的年轻人，应没有足够的财力来购买一栋西式楼房，更不可能是"11号"和"11-1号"的实际使用者。如此或可推断，这两处房产的实际使用者可能都是陶守伦。和陶守伦有业务往来的人应该都清楚这两处房产都是陶管，因此才会把复成新村11号和11-1号统称为"陶守伦办事处"。

因此，我们推测复成新村11号是陶守伦借霍明之名登记购买的，陶守伦才是实际的出资人，就如其借妻子雷国英之名购买复成新村11-1号一样。

另外，军管会手册称"复成新村11-1号"是"伪云南警备总司令部驻京办事处"。资料显示，何绍周于1945年1月担任云南警备副总司令，同年改任总司令。如此看来，该办事处应该是1945年南京光复后在何绍周任上设立的。

前面提及的何知重、李延年、王凌云、万式炯、何绍周、王伯勋这些将军，除李延年和王凌云之外，其余都是贵州人。何知重是贵州军阀王家烈的表弟，万式炯是王家烈的内侄，何绍周则是何应钦的侄子，可见陶守伦与贵州籍将领关系密切。而抗战期间，李延年、王凌云请陶守伦任第二军驻重庆办事处处长,可见陶守伦与他们的关系也非同一般。

陶守伦虽历任国民党军队要职,但对蒋介石的主张一直持消极否定态度。据陶思之、孙惟仁在《陶守伦先生生平事略》一文中的记载,1946年蒋介石撕毁和谈协议时,陶守伦表现出极大的反感,公开表示"蒋先生发动内战,我内心是反对的"。后感局势日非,不愿再为蒋效力,毅然请辞。1948年蒋军节节败退,陶守伦本有机会去往台湾,"但他坚持不去,而是将妻小眷属安顿在贵阳,只身飞往香港,意在日后便于回黔"。①

陶守伦与妻子雷国英及子女再相聚,则是三十多年以后了。

---

① 中国人民政治协商会议贵州省委员会文史资料委员会编:《乡思·友谊·故园情——台港澳及海外文史资料专辑》,贵州人民出版社,1992,第108—109页。

复成新村13号：江苏金坛旅京同乡会会所旧址

> 民国时期门牌号：复成新村13号
> 现在的门牌号：复成新村31号

《南京市接管代管房屋简明手册》中无此房屋的任何信息。

复成新村13号为西式平房。

复成新村13号仍为西式平房，结构没什么变化

关于复成新村13号，仅查到以下信息：

江苏省金坛县旅京同乡会　1946年4月在南京成立，会员有138人，举陈倬为负责人。同年6月18日经南京市社会局核准立案。立案证书字号为益字3号。会址设在南京马路街复成新村13号。①

此信息中提及的陈倬于1934年任七十八师司令部参谋处处长，兼任师干部训练班主任。当时七十八师的师长应该就是住复成新村10号的文朝籍，复成新村13号有可能为陈倬于1934年左右购买。陈倬为金坛人。1924年由林森介绍加入国民党。抗战全面爆发后，任第二战区司令长官部前敌总指挥部高级参谋，随部参加忻口会战。1939年1月任第一战区司令长官（卫立煌）部参谋处第一课（作战）课长，兼任干部训练团教育处处长，其间参加中条山会战。后任中国远征军长官部军务处处长。抗日战争胜利后，奉命与陆军总司令部副参谋长冷欣飞抵南京，参与日军受降与接收事宜，因精通日语，后还参与遣返日俘日侨工作。

---

① 蔡鸿源、徐友春主编：《民国会社党派大辞典》，黄山书社，2012，第258页。

复成新村 14 号、15 号

> 民国时期门牌号：复成新村 14 号、15 号
> 现在的门牌号：复成新村 29 号、27 号

《南京市接管代管房屋简明手册》中无此两幢房屋的任何信息。

复成新村 14 号、15 号均为西式平房。

复成新村 14 号（右）、15 号（左）均为西式平房

复成新村 16 号：朱式勤旧居

> 民国时期门牌号：复成新村 16 号
> 现在的门牌号：复成新村 25 号

《南京市接管代管房屋简明手册》中注明的房屋信息：

地址：马路街复成新村老 16 号
原使用单位或原住人：朱式勤
产权及房主姓名职业：朱式勤　伪军官
式样及幢数：西楼一幢　平三幢
间数：14

复成新村 16 号为西式楼房。此楼为朱式勤的房产，使用者也是朱式勤本人。

朱式勤早年留学日本，1927 年回国，任奉天东北讲武堂教官等职。1931 年"九一八"事变后，随军入关。10 月，协助王俊参与步兵学校在南京选址建校筹备事宜。11 月，

复成新村16号为西式楼房，现在的门牌号码为25号，院内有树木，大门常闭

任陆军步兵学校筹备委员会委员。12月，南京汤山中央陆军步兵学校正式成立时任战术教官。

1935年的《何梅协定》商议期间，朱式勤任国民政府华北军分会办公厅组长，何应钦与梅津美治郎之间备忘录的传递，均由朱式勤来完成。

1949年6月，朱式勤任一〇二师师长，据守浙江定海西半区的金塘岛，跟穿山半岛解放军第七兵团主力隔海对阵。10月5日，第七兵团攻占金塘岛，一〇二师少将副师长李湘萍被俘，朱式勤逃回定海。蒋介石曾有处决朱式勤的想法，后朱式勤被判十二年有期徒刑。

俞济时对此事件有文记述：

> 九月十日^①定海县金塘岛失守，蒋公于十一日上午接舟山防卫司令官石觉电报，下午二时即乘机飞莅定海。石司令官请示应否将金塘岛守军朱师长押解台湾讯办，蒋公谕示"不必"，石将军与余研判，以朱师长可能就地枪决。石司令官告余称东南长官公署对定海之作战指导，曾有"外围卫星岛屿"必要时可以放弃，但早先总裁办公室曾有"定海外围卫星岛屿不可放弃"之命令，由于此点出入甚大，乃由余电询台北总裁办公室杨学房组长，并命其即向东南长官公署查证。旋接杨组长复电，以事实确如此，问题在东南长官公署后发之作战指导命令，并未向总裁办公室报备也。基此，余乃将上情及台北往来电文面禀蒋公。蒋公洞察后，命余转告石司令官将朱师长押解国防部军法局依法讯办……其后国防部军法局对本案判决如下："……朱师长判有期徒刑十二年。"^②

---

① 时间有误，应为"十月五日"。
② 俞济时：《八十虚度追忆》，台湾"国防部"史政编译局，1983，第123—124页。

复成新村17号：蒋经国寓所

> 民国时期门牌号：复成新村17号
> 现在的门牌号：复成新村23号

《南京市接管代管房屋简明手册》中无此房屋的任何信息。

复成新村17号，外观基本保持原状

复成新村17号为西式楼房。虽无房主等信息，但从所查到的史料来推断，解放战争时期，居住于此的可能是蒋经国。《南京概况（秘密）》中有两处文字提及蒋经国住在复成新村17号：

二 伪国防部及其所属机构
……
（职别）预干局长
（姓名）蒋经国
（简历）浙江人，年四十岁。苏联军政大学毕业。与陈诚、邓文仪矛盾很大。
（住址）马路街复成新村一七号[①]

二 战争罪犯住宅
……
蒋经国 马路街复成新村十七号[②]

[①] 书报简讯社编：《南京概况（秘密）》，南京出版社，2011，第124页。
[②] 同上，第285—286页。

关于1945年前复成新村17号的住户信息已难寻。1945年之后,与复成新村17号有关联的还有两人。一位是被称为"民国驸马"的韦永成,另一位则是复兴社"十三太保"[①]之一的萧赞育。

抗战胜利后,汪伪大汉奸林柏生接受审讯时,林的妻子徐莹为林柏生申辩,请李品仙、韦永成等人为林作证,此时韦永成所用住址即为复成新村17号:

林徐莹为林柏生补陈再审理由致首都高等法院声请状

(1946年8月19日)

为补陈声请再审理由,仰恳裁定准予再审,以昭信谳而雪冤抑事。窃声请人为夫林柏生被诉汉奸嫌疑声请再审一案,前于八月一日先行具状声请再审,并声明其详细理由,俟送达判决后,再行补陈在卷,嗣于八月十六日,奉送达复判判决书。兹谨补陈声请再审理由于左:

……

---

① 复兴社的主要人物,有"十三太保"之说,大致是指刘健群、贺衷寒、戴笠、桂永清、邓文仪、郑介民、梁干乔、萧赞育、滕杰、康泽、胡宗南、曾扩情、郑俤。也有人将潘佑强、杜心如、葛武棨列入其中。

证人：

李品仙，合肥安徽省政府。

韦永成，南京常府街申家巷复成新村十七号。

……①

抗战时期，李品仙为安徽省主席，韦永成为民政厅厅长。韦永成还是新桂系政治干部少壮派领袖之一。抗战胜利后，由桂系人马负责安徽敌伪财产的接收。后舆论谴责较多，李宗仁、白崇禧"舍车保帅"，命韦永成辞去民政厅厅长职务，保住李品仙安徽省主席之职。韦永成移居至张岳灵②在复成新村所购置的房屋。数月后，张岳灵声称要出售此屋，但因其索价太高，韦永成不得已请廖富荪找人，花十余两黄金另外购得一块地皮，雇工建造了一栋西式二层楼房。

韦永成的妻子蒋华秀是蒋介石的侄女，故韦又被人称为"民国驸马"。韦永成虽为桂系，但和蒋经国的关系很好。廖富荪回忆韦永成的新房建好后，他经常出入韦宅，"两三

---

① 南京市档案馆编：《审讯汪伪汉奸笔录》（上），凤凰出版社，2004，第540—548页。
② 张岳灵也是桂系的一位重要人物，主要负责桂系的经费管理。张岳灵购置了复成新村37号、38号，而韦永成曾住复成新村37号。

年来间或见到蒋经国夫妇在韦宅作客……到了1948年,李宗仁竞选国民党的副总统,蒋、桂矛盾尖锐,才不见蒋经国到韦家了"①。

韦永成曾在复成新村37号居住,后来搬出后自己建房期间(详见"复成新村38号:张岳灵旧居"),应该是在复成新村17号暂住过渡。待韦永成新房建好搬走后,蒋经国才入住复成新村17号。《南京市接管代管房屋简明手册》中注明,韦永成的住址为板井85号,为西式楼房一幢,计20间。

我们在南京市档案馆查到的这张当年南京市工务局的便笺(见下页)上注明萧赞育住复成新村17号。17号是何时因何原因归至萧的名下,还不得而知,或也有可能是归至南京市党部的名下。

萧赞育与蒋经国是20世纪20年代留学苏联中山大学时的同学,两人关系非同一般。而"民国驸马"韦永成也是他们当年留苏的同学。我们推断后来蒋经国居住于此,可能是和萧赞育或韦永成有关。

---

① 廖富苏:《新桂系重要人物韦永成》,载全国政协文史资料委员会编《文史资料存稿选编·军事派系》(下),中国文史出版社,2002,第232页。

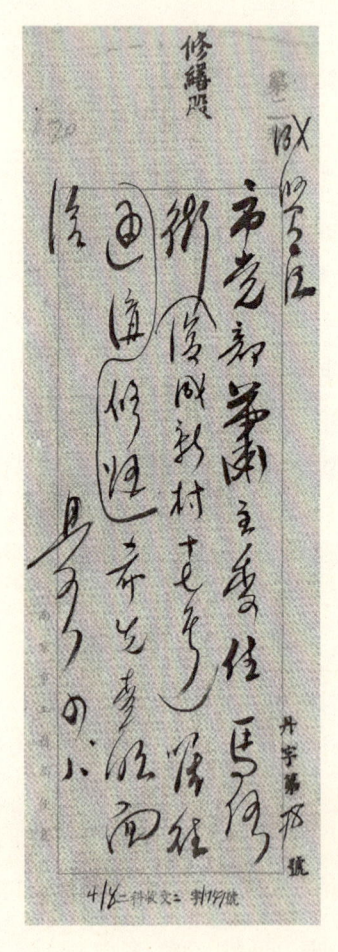

此张南京市工务局便笺上写道:"市党部萧主委住马路街(复成新村十七号),嘱往修理通道,希先查明面洽。"

复成新村 18 号

民国时期门牌号：复成新村 18 号
现在的门牌号：复成新村 21 号

《南京市接管代管房屋简明手册》中无此房屋的任何信息。

复成新村 18 号为西式楼房。江苏省文物局认定此建筑"为三层别墅式楼房，原为美国驻华大使参赞公馆"[1]，但仅此而已，没有更详细的信息了。

另外，《南京概况（秘密）》中记载中美特种技术合作所南京气象站的地址为"马路街复成新村"[2]，但并没有注明具体的门牌号码。我们猜测有可能便是 18 号，但无其他依据，无法下定论，有待进一步考证。

---

[1] 江苏省文物局编：《江苏省第三次全国文物普查——新发现》，江苏美术出版社，2009，第 254 页。
[2] 书报简讯社编：《南京概况（秘密）》，南京出版社，2011，第 451 页。

复成新村18号。现使用该建筑的为一家开发公司，主要作为内部宴请的会所。院内也挂了个"美国驻中华民国大使馆商务参赞会所原址"的牌子，但无颁发机构

院内还有一张巨幅喷绘。图片上的外国人的身份不详，房主（现使用人）也说不清这些人的身份，只是讲此楼原来就是美国大使馆的人请客吃饭的地方，并非居住之地

复成新村 19 号：陈大镇旧居之一

> 民国时期门牌号：复成新村 19 号
> 现在的门牌号：复成新村 40 号

《南京市接管代管房屋简明手册》中注明的房屋信息：

地址：马路街复成新村老 19 号
原使用单位或原住人：陈大镇
产权及房主姓名职业：陈大镇　南通公路工程师
式样及幢数：西平二幢
间数：8

陈大镇在复成新村购置了两处房产，分别是 19 号和 34 号。复成新村 19 号为西式平房；而 34 号是西式楼房，也是复成新村中最大的几幢楼房之一。两处房产购置的时间不一，19 号可能为抗战前购买，而 34 号则肯定为抗战胜利后购买（南京乐居房产公司 1946 年的"复成新村总平面布置图"

复成新村19号原为西式平房，现此处为一幢四层的楼房，现在的门牌号为"复成新村40号"

中显示此处为空地）。

　　陈大锳于1931年毕业于交通大学唐山土木工程学院。陈大锳的夫人朱颖卓是我国土木界第一位女工程师。朱颖卓于1929年夏天在北京师大女附中读完高中二年级后，9月入交通大学唐山土木工程学院学习，1933年毕业，不久与

陈大镁的夫人朱颖卓（右下），中国第一位女工程师（原载李耀东《影像唐山》，当代中国出版社 2014 年版，第 183 页）

陈大镁结婚。①

　　民国时期，各大高校自主命题，自主考试，自主招生，

---

① 《西南（唐山）交通大学土木学科发展一百年纪念册》，第 5 页。

没有全国统一考试,学生毕业后需自谋职业。民国初年交通发展迅速,交通人才紧缺,交通大学隶属铁道部,学生毕业后不愁出路问题。据朱颖卓回忆,其家人认为女子学习土木专业不适合,但朱颖卓考虑到即便考入清华大学、燕京大学,毕业后还需要托关系找工作,而交通大学的学生毕业后出路好,就来到唐山,成为交通大学土木工程学院历史上的第一名女学生。该校于1920—1937年这一时期毕业的学生就业前景较好,1926届毕业生曾涌泉回忆说:"那时交大唐院毕业的学生就业机会多,一出校门就可以当实习工程师,每月薪金高达60块大洋,而且可以住洋房。"当时该校学生毕业后往往被介绍到各大铁路部门或者机关工作,过来学校招人的单位也非常多,毕业生是供不应求。[①]

朱颖卓上学期间,陈大镁则在校任教。夫妻二人应该是1933年后来到"南通公路"任职,并在复成新村购置了19号房产。

---

① 何云庵主编:《西南交通大学史(第二卷 1920—1937)》,西南交通大学出版社,2016,第217—218页。

复成新村20号：《进步周刊》办公旧址

> 民国时期门牌号：复成新村20号
> 现在的门牌号：复成新村38号

《南京市接管代管房屋简明手册》中无此房屋的任何信息。

现复成新村38号为一幢四层的楼房，占地范围为原复成新村20号和21号

复成新村20号原为西式平房，现此处为一幢四层的楼房，占地范围为原复成新村20号（东）、21号（西），门牌号为"复成新村38号"。

复成新村20号在1937—1945年期间，被日军总司令部拨给中央军校使用，主要是日籍顾问居住。抗战胜利后，此房屋的归属不详，只查到一些零星的线索。在《南京概况（秘密）》中有如下记载：

《进步周刊》
社址　马路街复成新村二〇号[①]

另外，陈香亭于1943年12月17日向当时的伪南京特别市政府提交"呈为中央军校顾问部占用民房恳祈钧府代为交涉发还房屋以便氏住而免流落事"报告，要求归还被占用的房屋住址为"复成新村二十号"。

由此报告可知，复成新村20号是陈香亭于1936年从乐居房产公司购得，为西式平房，计8间。南京保卫战时，陈香亭的丈夫失踪，而房屋也被日本军官占据，陈香亭带着7

[①] 书报简讯社编：《南京概况（秘密）》，南京出版社，2011，第417—418页。

敬陈者窃民妇大夫单觐璋共际迄今音信沓无民于民国二十五年间以晋军名义在
北平广厂房公司购置房地卅亩于京门牌二字一所六打六小八间甲破
在上地局登记转卖记号卖於南通城民在京执军使时所置有房地契已全凭夫柱廿
二十九年间始迄京身请顺顺收悦已公务期满出来其须束日因状沓无音史
特建联部同管派老有营候房管户而有营房废追念
政府武上民国京舍祷地是凭已被害无亲故手前营挥京管郎房部所用转信
与果官垦之故领问部夫来官吾母子生话亦苦特迁邵致若难言夜被固京舍無
張況居其姓将藉名难以营房寄母子生話亦苦特迁邵致若難言夜被固京舍無
锁目云所当家物住均任夫打打於侨使及邵占用勢难入身因属富地衹仅舍守屋民母子
因肉濕不销狗馬身差俩悟及邵占用勢難入身因屬富地衹僅舍守屋民母子

在外流浪颠簸而民孤苦家丁其有與反覃觉話之能力迫不得已强陳下情恳祈
釣长俯鹂垂明俯憫孤苦特函顧問部文诱将成新打二号門牌房屋一所發還
俾得居住以致孤苦而维生命实為公德而侯謹呈
南京特別市政府市長周

具呈人 陳香亭

当时伪市政府的调查情况（南京市档案馆馆藏资料）

岁和5岁的两个小孩无处居住,故向伪南京市政府提出要求,请政府出面与日军交涉,归还其住所。

对陈香亭提交的报告,当时的伪南京市政府也派人作了调查:"奉派赴中央军校交涉复成新村二〇号房屋一案,据该校负责人答复:复成新村房屋现由本校顾问增井少佐、伊势中尉等住用,查该屋系军管理,由日总司令部拨交彼等住用,按月亦缴付相当租金于军总司令部等情。究应如何办理,合将经过情形报请核示……",并批示"拟据情函请联络部转请日总司令部交还执业以恤孤苦"。之后的情形不详。

复成新村 21 号:何金泉旧居

> 民国时期门牌号:复成新村 21 号
> 现在的门牌号:复成新村 38 号

《南京市接管代管房屋简明手册》中注明房屋信息:

地址:马路街复成新村老 21 号
原使用单位或原住人:何金泉
产权及房主姓名职业:何金泉　伪立法委员
式样及幢数:西平一幢
间数:6

  复成新村 21 号,原为西式平房,现此处为一幢四层的楼房,即现复成新村 38 号,占地范围为原复成新村 20 号(东)、21 号(西)。

  从南京房管处提供的信息来看,复成新村 21 号原主人为何金泉。何金泉何许人也?

复成新村 21 号、20 号现已变为"复成新村 38 号"

从查阅到的资料来看,何金泉是民国时期马达加斯加的华侨报人。1930 年 6 月 20 日,何金泉在《侨民新报》上发表文章,向马达加斯加的华侨呼吁对引进日本货物的华人商店进行谴责和抵制。但因当时华人协会会长、对日绝交会主席陈远标与奸商陈遇潜两人举报《侨民新报》未申请备案,何金泉受到牵连,与《侨民新报》的负责人祝展华一起被驱逐出境。何回国后,曾任国民政府中央党部总干事暨特派员,军事委员会中校科长,中国国民党第四、五次及临时全国代表大会代表等职。后移居香港。

至于何金泉何时来到南京,与复成新村21号如何发生关联,以及复成新村21号又是何时成为何金泉公馆的,等等,则不得而知。

也有资料说现复成新村36号(老22号北侧)为何金泉公馆。[1] 但疑其有误,因民国户籍资料显示何金泉于1948年1月28日登记的地址是"复成新村21号";由最初的复成新村的户型分布来说,21号占据的位置对应的就是现在复成新村38号这幢四层楼房的西侧一边。

---

[1] 杨小苑、丁波、杨新华编著:《南京名人故居史话》,南京出版社,2008,第161页。

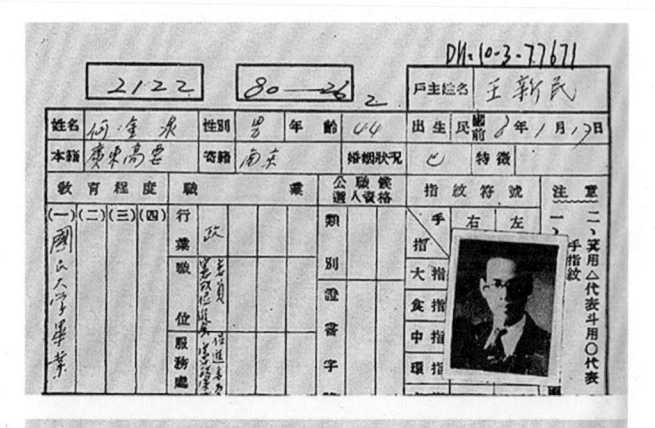

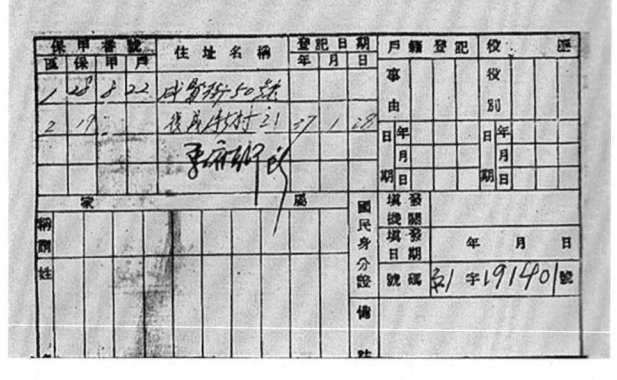

民国时期何金泉的户籍卡，住址栏显示为复成新村21号（原载《民国珍档：民国名人户籍》，南京出版社2013年版，第254页）

民国时期的门牌号码

39	6号	5号 (文鸿恩)	4号 (文鸿恩)	3号	2号	1号
34	12号 (11-1)	11号	10号 (文超杰)	9号	8号	7号
27	18	17	16	15	14	13

25	24	23	22	21号 (何金泉 旧居)	20	19

何金泉当年登记的地址为复成新村21号

现在的门牌号码

12号	10号	8号	6号	4号	2号
11号	9号	7号	5号	3号	1号
21	23	25	27	29	31

46, 46-1	34	36	38号	40
	44	42		

现复成新村38号、40号均为四层的楼房

复成新村 22 号：翟殿云寓所

> 民国时期门牌号：复成新村 22 号
> 现在的门牌号：复成新村 36 号、42 号

《南京市接管代管房屋简明手册》中无此房屋的任何信息。

民国复成新村 22 号所在地，现在对应着两个门牌号码，分别是 36 号和 42 号。36 号的门朝北，42 号的门朝南。

按最初的设计规划，22 号应与纵向对应的 4 号、10 号、16 号一样，起码应有西式楼房一幢、西式平房一幢。但从现在保留下来的房屋看，朝南的 42 号应该还是当初的西式平房，而 36 号则是近些年才自盖的二层楼房。

复成新村 22 号最初的房主信息不详。据 1940 年 3 月《维新政府职员录》记载，沦陷时期伪南京警察厅代理三等分队长翟殿云住在复成新村 22 号。抗战胜利后，何人居住于此还不清楚。

现复成新村42号（上）应该是老22号的前门位置（朝南），现复成新村36号（下）应该是老22号西式楼房的位置（朝北）

复成新村 23 号：汪镐基旧居

> 民国时期门牌号：复成新村 23 号
> 现在的门牌号：复成新村 34 号、44 号

《南京市接管代管房屋简明手册》中注明的房屋信息：

地址：马路街复成新村老 23 号
原使用单位或原住人：汪镐基
产权及房主姓名职业：汪镐基　抗日前骑兵监
式样及幢数：西楼一幢　平二幢
间数：12

民国复成新村 23 号所在地，现在对应着两个门牌号码，分别是 34 号和 44 号。34 号的门朝北，44 号的门朝南。

按最初的设计规划，23 号与纵向对应的 5 号、11 号、17 号一样，起码也应有西式楼房一幢、西式平房一幢。但从现在保留下来的房屋看，朝南的 44 号应该还是当初的西

式平房，而34号则是近些年才自盖的房屋。

现复成新村44号（上）应该是老23号的前门位置（朝南），现复成新村34号（下）应该是老23号西式楼房的位置（朝北）

关于房主汪镐基，《中国留学日本陆军士官学校将帅录》中对其有较为详细的介绍：

汪镐基（1884—?）……别字徽伯、京伯，……生于浙江桐乡县城。1905年获得官费保送日本留学，先入日本陆军成城学校完成预备学业，继入日本陆军联队骑兵大队实习，1906年1月考入日本陆军士官学校第五期学习，1907年11月毕业。回国后，任京师大学堂（北京大学前身）历史教习、兵学教官。1912年9月23日任浙江省防军第四十九旅（旅长颜遹斌）步兵第九十八团团长，率部驻防浙南地区。1916年9月19日任浙江陆军第二师司令部参谋长，1920年2月10日任浙江省防军浙江陆军第二师步兵第四旅旅长。1920年9月19日被北京政府陆军部授予陆军少将。1925年12月1日任浙江省防军浙江陆军第三师（师长周凤岐）步兵第五旅旅长，率部驻防浙江长兴地区。1926年8月随部归属国民革命军，1926年12月任国民革命军北伐军总司令部高级参谋。1927年10月任国民革命军第四十五师长，率部参加北伐战争。1928年11月13日任南京国民政府军事委员会训练总监部骑兵监。1936年1月24日被国民政府军事委员会铨叙厅颁令叙任陆军少将[1]。抗日战争（全面）爆发后，仍任军事委员会训练总监部骑兵监，1938年1月20日免职。著有《现代骑兵之概述》等。[2]

汪镐基的资历很深，南京国民政府成立后，他主要负责骑兵方面的训练。民国初年浙江一带的革命领袖人物褚辅成为嘉兴人，其自1927年"四一二事变"之后基本退出政坛，褚、汪二人在浙江革命时有较多往来。开发复成新村的乐居房产公司的主要股东汪胡桢也是嘉兴人，汪胡桢家与褚辅成家相距不足两百米。汪镐基在复成新村购置房产，是否与汪胡桢有关，也需进一步探究。

---

[1] 原文有误，应为中将。
[2] 陈予欢编著：《中国留学日本陆军士官学校将帅录》，广州出版社，2013，第261—262页。

复成新村 24 号：邱维达旧居

> 民国时期门牌号：复成新村 24 号
> 现在的门牌号：复成新村 46 号、46-1 号

《南京市接管代管房屋简明手册》中注明的房屋信息：

地址：马路街复成新村老 24 号
原使用单位或原住人：邱维达
产权及房主姓名职业：邱维达　伪七十四师师长
式样及幢数：西楼一幢　平二幢
间数：19

地址：马路街复成新村新 24 号
原使用单位或原住人：伪云南锡业公司南京办事处
产权及房主姓名职业：公产
式样及幢数：西楼一幢　平一幢
间数：17

民国复成新村24号为西式楼房，有新24号和老24号两个号码。查找线索发现，有关邱维达与复成新村的信息较多，而未发现云南锡业公司南京办事处的信息。综合其他房屋调查情况，判断新、老24号指向的是同一处，房主应为邱维达。

虽新、老24号指向同一处，但现在对应的还是两个门牌号码，分别是46号和46-1号。

现复成新村46号和46-1号的门都开在朝北的一侧，但进46-1号门后到达这幢楼房的东侧，而进46号门后到达的是同一幢建筑的西侧

房主邱维达是位抗日战场上浴血奋战的铁血将领，和南京有着不解之缘。

邱维达1925年入第六军讲武堂，后转入黄埔军校第四期。1927年任张发奎二方面军教导团（团长叶剑英）三营十连连长，参加广州起义。

抗战全面爆发后，邱维达先后参加上海会战、南京保卫战。1939年3月，任五十一师一五三旅旅长，参加赣西高安之战、豫东作战、南浔作战。9月参加第一次长沙会战，次年3月参加上高会战。1940年调任七十四军五十七师副师长。1941年9月参加第二次长沙会战。1944年春任第二十四集团军（总司令王耀武）参谋长，同年夏参加长衡会战。1945年夏参加湘西会战，因作战计划制定得宜，获大捷，美国总统杜鲁门特授予其"自由勋章"一枚。

抗战胜利后，邱维达调任七十四军五十一师师长，10月奉命率部进驻南京，任南京警备司令并负责对冈村宁次的看管。1946年4月，国民党军队整编，七十四军改为整编七十四师，邱维达任副师长。1947年5月，该师在鲁南沂蒙山区孟良崮被解放军全歼，师长张灵甫阵亡，蒋介石任命邱维达继任该师师长。

1948年9月，整编七十四师改称七十四军，邱维达任军长。1949年1月,在永城东北陈官庄突围时被解放军俘虏。随后被送入华东军区解放军官团高级组学习。①

邱维达与南京的渊源,大致有这样几点:

首先,邱维达参与了1937年12月初的南京保卫战,并身负重伤,是保卫南京的铁血勇士。

邱维达当时系七十四军(俞济时任军长)五十一师(王耀武任师长)一五三旅(李天霞任旅长)三〇六团团长,于12月初到达南京东南的上坊镇、淳化镇,参加南京保卫战。先是守备湖熟镇,与数倍之敌血战。再撤至光华门外飞机场布置新阵地,继续抵抗。10日从中华门入城,布置阵地继续战斗。激战到12日晚7时,邱维达接师长王耀武的撤退命令,当时其已中弹受伤。王耀武听说邱维达负重伤,请示了俞济时,将交通部部长俞飞鹏留给俞济时过江用的一艘船留下接邱维达。而邱维达最终是被一条绳索系着腰,从水中拖拉上船,得以过江的。②

其次,抗战胜利后,邱维达任南京警备司令。

---

① 湖南省岳阳市政协文史资料委员会编印:《岳阳文史·岳阳籍原国民党军政人物录》,1999,第501—502页。
② 邱维达:《淳化阻击战》,载《正面战场·南京保卫战——原国民党将领抗日战争亲历记》,中国文史出版社,2015,第169—172页。

再次，邱维达的妻子李世茵应该是南京人，这样，邱维达可以算是南京的"女婿"了。有关李世茵的资料尚未寻得，而有资料显示，李世茵的弟弟李世仪的家就在南京。李世仪是20世纪30年代入党的中共老党员，也是中共南京地下市委文艺分委书记。虞留德在《一颗铺路的石子》①一文中提到，李世仪于1945年邀请他进入重庆卫戍司令部政治大队。抗战胜利后，李世仪又鼓动他及其他一些人到南京后离开政治大队，留在南京演戏。这些人到南京后，都住在李世仪家。

李世仪在南京的人脉关系很广，为南京城的解放做了很多细致工作。例如，淮海战役打响前，邱维达已举家迁往上海，房舍空了下来。经过李世仪牵线，将国民革命军遗族学校留守处迁入这座小洋楼的一楼，同时将地下文印小组安置在二楼。

遗族学校的名誉校长是蒋介石，校董事会的实际负责人是蒋夫人宋美龄。遗族学校留守处主任曹扬襄是李世仪中学时的同学，两人私交甚笃，在李世仪的引荐下，地下文印小组组长宋德裕成了曹扬襄的秘书，负责校产登记及去行政院领取经费等工作，另一地下党员朱石基作为宋德裕的助手，

---

① 载中国人民政治协商会议四川省合江县委员会文史资料委员会等编印：《合江县文史资料选辑·第9辑》，1990，第106—125页。

复成新村24号体量较大,也很气派

一起住在二楼。遗族学校留守处设于一楼,就成了二楼地下文印小组最好的掩护。

1949年5月3日《南京市军管会关于接管国民党国防部的报告》中对曹扬襄的记载,把"复成新村"写为"阜成西村",这应该是笔误,并把邱维达家称为"维庐":"中央训练团在孝陵卫附近之遗族学校:现有一负责人曹扬襄,住中山东路三条巷马路街阜成西村24号'维庐'……"[①]

---

① 南京市档案馆:《南京市军管会关于接管国民党国防部的报告(1949年5月3日)》,载《解放南京》,江苏古籍出版社,1990,第255页。

李世仪于 1947 年初听说国民党军中演剧七队要恢复建制的消息，去梅园新村找到张清（即中共南京局组织部的张清华），汇报了想把演剧七队这个编制争到手的想法。李世仪请姐夫邱维达及邱的一位湖南老乡（也是黄埔出身的将领）一起出面，具保李出任演剧七队的队长。李世仪利用这个演出队以及自己与国民党上层的关系，刺探了很多重要情报，还将励志社、AB 大楼（原美军顾问团招待所，今华东饭店）等处的财产都保存了下来。

至于邱维达究竟于何时购置了复成新村 24 号，是抗战全面爆发之前，还是抗战胜利之后，尚不清楚。不过乐居房产公司开发的梅园新村 36 号，房主信息显示是邱维达的妻子李世茵。梅园新村与复成新村大致同时期建造，邱维达（或是李世茵）与乐居房产公司之间是否有关联，也需以后再作进一步探寻。

复成新村 25 号：伪中央银行职员宿舍

> 民国时期门牌号：复成新村 25 号
> 现在的门牌号：复成新村 48 号

《南京市接管代管房屋简明手册》中注明的房屋信息：

地址：马路街复成新村老 25 号

原使用单位或原住人：伪中央银行职员宿舍

产权及房主姓名职业：公产

式样及幢数：西楼一幢

间数：13

复成新村 25 号为西式楼房，原为"伪中央银行职员宿舍"。但具体有哪些人曾居住于此，尚无确切信息。

复成新村 25 号的正面

复成新村 25 号的后门

复成新村 26 号

> 民国时期门牌号：复成新村 26 号
> 现在的门牌号：复成新村 50 号

《南京市接管代管房屋简明手册》中无此房屋的任何信息。

复成新村 26 号、25 号紧挨着，外观几乎一致。从外立面观察，两幢楼只是二楼中间有一点区别，26 号的二楼有个圆形的图案装饰，25 号的二楼的相同位置为一扇窗户。不能判断 25 号的窗户原先就有，还是最初也为 26 号那样的圆形图案装饰。

复成新村 26 号的正面

复成新村 26 号的后门

复成新村 25 号（上）的二楼中间是一扇窗户，复成新村 26 号（下）二楼的同样位置是一个圆形图案装饰

复成新村 27 号：萧赞育旧居

> 民国时期门牌号：复成新村 27 号
> 现在的门牌号：复成新村 19 号

《南京市接管代管房屋简明手册》中注明的房屋信息：

地址：马路街复成新村老 27 号
原使用单位或原住人：萧化之
产权及房主姓名职业：萧化之　伪南京市党部秘书长
式样及幢数：西楼一幢　平三幢
间数：20

复成新村 27 号是这个街区最大的几幢建筑之一。而房主萧化之，即萧赞育，为复兴社"十三太保"之一，有"小戴季陶"之称。

萧赞育，字化之，湖南邵阳人。黄埔一期毕业后，由鲍罗廷特别推荐，去苏联莫斯科中山大学留学。

复成新村 27 号为复成新村街区中体量最大的几幢建筑之一

1927年年初,萧赞育回国后,因深得蒋介石的赏识而被派到日本明治大学深造。

1930年,萧赞育参与了复兴社的内层组织力行社的筹建工作,并兼任力行社的组织干事。复兴社组建后,萧赞育被选举为中央监事,还代理过复兴社书记职务。

1932年,蒋介石创办鄂、豫、皖、赣四省银行(后改为农民银行),萧赞育被任命为此银行的董事。

1933年,萧赞育被调任军委会侍从室秘书,专管黄埔军校同学进退升降之事,同时仍兼任力行社组织干事。

1936年12月12日，张学良、杨虎城发动西安事变，扣留了蒋介石及其军政要员，萧赞育也同时被囚。后来萧赞育撰写的《西安事变回忆录》，详细记述了这段经历。

1938年7月，三民主义青年团正式成立后，萧赞育任三青团中央监察委员、中央干事。

1939年底，蒋介石设立侍从室第三处，专门办理人事调查、登记、考核的业务，陈果夫为主任，萧赞育为副主任。为加强国民党军队中的政工制度，蒋介石还任命萧赞育为成都中央陆军军官学校政治部中将主任。

抗日战争胜利后，萧赞育先是任军委会武汉行营政治部主任，后被指派为南京方面的受降要员之一，任南京特别市党部主任委员。

萧赞育晚年照(萧赞育《梅园文存》,黎明文化事业股份有限公司,1985年)。据王世清先生提供信息称,20世纪90年代,萧赞育想收回复成新村的房产,在给江苏黄埔校友会领导的信中明确写着其房产为"复成新村二十七号(现在门牌十九号)"

复成新村 28 号

> 民国时期门牌号：复成新村 28 号
> 现在的门牌号：复成新村 17 号

《南京市接管代管房屋简明手册》中无此房屋的任何信息。

复成新村 28 号为西式楼房，与隔壁 27 号（萧赞育的住所）式样一致，也为复成新村街区最大的几幢建筑之一。

复成新村 28 号为西式楼房，体量巨大

复成新村29号：刘振三寓所

> 民国时期门牌号：复成新村29号
> 现在的门牌号：复成新村52号

《南京市接管代管房屋简明手册》中无此房屋的任何信息。

复成新村29号为西式平房，地处复成新村街区的西南角，不引人注意；院内的房屋有改造的痕迹

据南京市房管局产权处档案室于1995年8月所编《民国时期国民党政府党政军要员在宁房地产情况汇编》记载，"五十九军军长刘振山"的住址为复成新村52号，房屋面积为85.6平方米。

南京市房管局资料中的"复成新村52号"是1951年后的新编号码，作出此判断的依据是目前所知民国时期复成新村的门牌号码，最大的为44号，所以判断"52号"不是民国时期的号码。对照我们所绘民国时期门牌号码示意图，对应的即为"29号"。"85.6平方米"的面积，也与之相对应。但"刘振山"的名字有误，应为"刘振三"。

刘振三也是与二十九军颇有渊源的一位将领。刘振三，德国警官学校毕业，任职于西北军。西北军在中原大战解体后，刘振三任二十九军三十八师团长。1933年3月，二十九军在喜峰口抗击日军入侵，刘振三率部抡大刀击退日军，后升任一一三旅旅长。1943年8月，任五十九军军长。1949年1月，任淞沪警备司令部副司令（汤恩伯为司令），5月辞职赋闲。[①]

---

① 吕东来编著：《台儿庄大战之黄埔师生录》（上），团结出版社，2015，第259—260页。

复成新村 30 号

> 民国时期门牌号：复成新村 30 号
> 现在的门牌号：复成新村 54 号

《南京市接管代管房屋简明手册》中无此房屋的任何信息。

复成新村 30 号，现为一幢二层楼房

民国时期的门牌号码

36(平房)		37	38	39	6	5	4	3(平房)	2(平房)	1(平房)
44(平房)										

申家巷

33(平房)	35	34	12(11-1)	11	10	9(平房)	8(平房)	7(平房)
32(平房)	28	27	18	17	16	15(平房)	14(平房)	13(平房)
31(平房)								
30(平房) 29(平房)	26	25	24	23	22	21(平房)	20(平房)	19(平房)

马路街

从图中所示可知，复成新村30号为西式平房

复成新村30号原为西式平房，现为一座二层楼房。

1937年抗战全面爆发后，复成新村在日军的轰炸中有部分损毁。依据乐居房产公司于战后填报的"财产损失报告单"，以及现存的复成新村西部房屋情况可以推断，现在的这座二层楼房为1949年以后所建。

复成新村 31 号：伪满洲国大使馆"驻京办事处"

> 民国时期门牌号：复成新村 31 号
> 现在的门牌号：复成新村 32 号

《南京市接管代管房屋简明手册》中注明的房屋信息：

地址：马路街复成新村老 31 号
原使用单位或原住人：陈杰
产权及房主姓名职业：陈杰　伪国防部处长
式样及幢数：西平二幢
间数：7

复成新村 31 号为西式平房，未找到房主陈杰的相关资料。复成新村 31—36 号在 1937—1945 年间均被日本人占据。乐居房产公司的总经理徐叔明在这段时期曾两次给伪南京市政府写信，对房屋的产权等问题提出诉求。

第一封诉求信呈给当时的伪财政局。报告中涉及的房屋为复成新村 31 号、32 号、33 号、35 号和 36 号，提及房屋被伪政府租给了伪满洲国大使馆"驻京办事处"中根不羁雄，租金也被伪市财政局代收，徐叔明（具名成功）请求要回房租。

第二封诉求信则是给当时的伪南京市市长的，涉及的房屋为复成新村 31—36 号。主要是说这些房屋后来被日本人

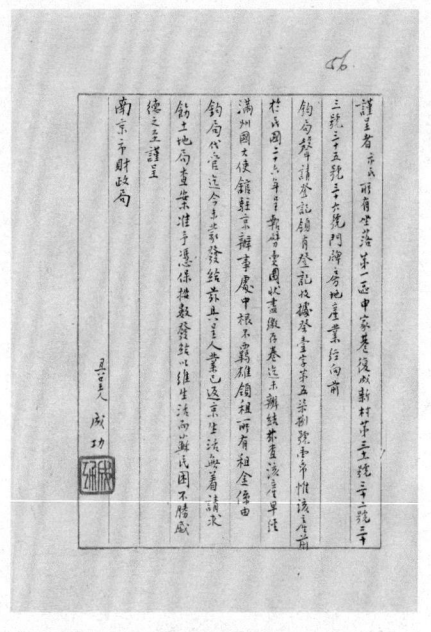

徐叔明给伪财政局的信（南京市档案馆馆藏资料）

徐叔明给伪南京市政府的信（南京市档案馆馆藏资料）

认定为敌产，停止付租金，徐叔明对房屋的产权等事宜作了申辩，要求伪南京市政府"为维持政府威信，救济人民产业生计之本旨，向友邦特务机关敌产管理处据理力争，返还产权"。

中根不羁雄，东京帝国大学毕业，是日本驻中国通商代表。他是个中日混血儿，母亲是中国人。他对中国的风俗习惯很熟悉，是个"中国通"。伪满洲国"大使馆"由伪满洲国通商代表部转化而来，而所谓的"通商代表部"实则是刺探情报的机构。

复成新村31—33号皆为西式平房。1937—1945年间，内部改为日式的榻榻米，屋顶为琉璃瓦

复成新村 32 号：林秋生旧居

> 民国时期门牌号：复成新村 32 号
> 现在的门牌号：复成新村 30 号

《南京市接管代管房屋简明手册》中注明的房屋信息：

地址：马路街复成新村老 32 号
原使用单位或原住人：林秋生
产权及房主姓名职业：林秋生　商人
式样及幢数：西平二幢
间数：7

林秋生（1913—？），福建闽侯人，政治大学、师范大学德文教授，曾任教育部欧洲语言中心德文科主任。以英、德、法文编译有《中国文化简编》《复兴中之中国》《西安半月记》《中国与日本历史上之检讨》《中国短篇小说集》《宋人画集》《蒋介石小传》《中国统一问题》《中西文化》《中

复成新村32号为西式平房，现在的院门很宽大。据说现房主花巨资按当年最初的样式对内部房屋进行了装修

国新建设》《东亚政情战后五年》等，著有《中国美术》。[①]

复成新村32号为西式平房。有关房主林秋生的资料很少，但从他人的文章中可以寻找到一些林秋生的信息。

林秋生与胡适自20世纪二三十年代就有交集，那时林秋生在德国柏林任教，曾用德文写了一篇《中国的文言革新》，评论胡适在中国文言革新中的角色是"这场论争的精神上的

[①] 南京市档案馆编：《民国珍档：民国名人户籍》，南京出版社，2013，第279页。

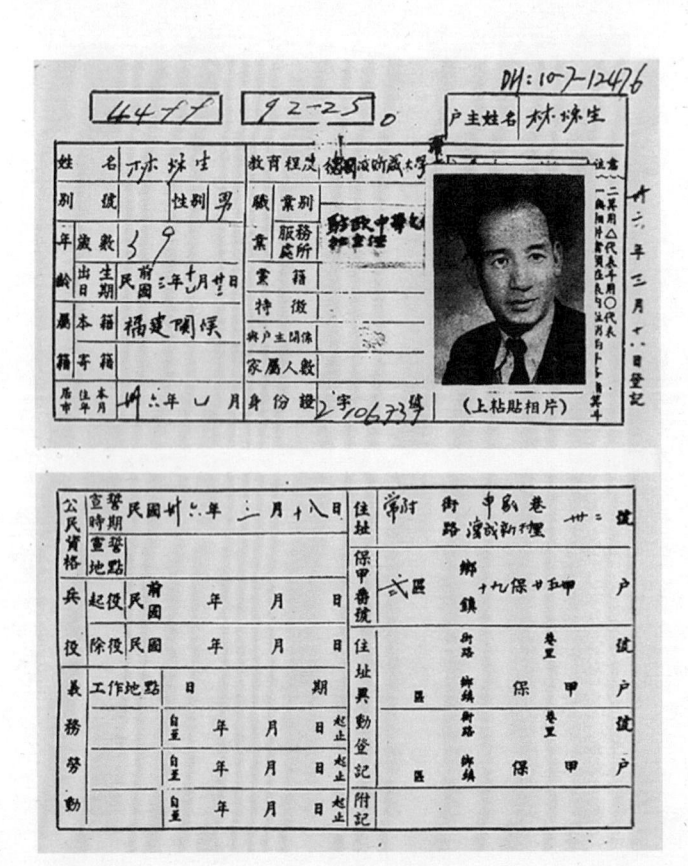

民国时期林秋生的户籍卡，住址栏显示为复成新村32号（原载《民国珍档：民国名人户籍》，南京出版社2013年版，第278页）

发起人和号召者","运动的精神中心"。①

但林秋生对胡适的观点也有自己的看法:"林秋生和徐道邻在1931年《中国学刊》上发表了激烈反驳,表示'我们并不像演讲节译稿中表达的那样悲观',因为他们不相信'我们文明的基础,中国家庭,于当代已失去了内在意义',不相信'同我们先辈的智慧哲学之关联已彻底撕裂,西方文化真是一种更高级发展阶段'。文章重新解释被胡适嘲弄的两种理论。"②

《胡适年谱》中也数次提到林秋生。1949年去台湾后,林秋生有一个职务为"中德文化协会总干事",多次陪同德国方面研究汉学、宗教的教授拜访胡适。

唐纵在日记中也多次提及林秋生。1935年,唐纵奉派柏林,任驻德大使馆副武官(大使程天放,首席武官酆悌),并受命研究德国警察及情报组织,1937年秋回国。西安事变爆发后的第二天,林秋生打电话给唐纵,告知事变后"中

---

① 范劲:《卫礼贤之名——对一个边际文化符码的考察》,华东师范大学出版社,2011,第435页。
② 范劲:《卫礼贤之名——对一个边际文化符码的考察》,华东师范大学出版社,2011,第449页。

央已明令讨伐,行政由孔祥熙代理,军事由何应钦代理"[①]。唐纵回国前,林秋生告诉唐纵,墨索里尼有意与德国合作。唐纵回国后,与林秋生也一直有联系。1940年10月,林秋生给唐纵发电报,告知德国已经放缓进攻英国的计划,德国外长赴莫斯科与苏联会谈,并分析德意日与苏联的关系,以及欧洲的局势。

储安平在《柏林奥运采访录》中也两次提到了林秋生。彼时林秋生的身份是柏林大学教授,还在德国的中华文化协会负责中国文化宣传事宜。储安平赴柏林报道奥运会,受到林秋生的支持,林秋生还作为新闻记者亲自参加了奥运会的报道。

从这些信息可见,林秋生并非军管会资料中显示的"商人",而是一位知识渊博的学者,常年从事中西方文化交流等工作,同时也是一位国际政治形势分析专家。

[①] 公安部档案馆编注:《在蒋介石身边八年——侍从室高级幕僚唐纵日记》,群众出版社,1991,第53页。

复成新村 33 号：陆圣恺旧居

> 民国时期门牌号：复成新村 33 号
> 现在的门牌号：复成新村 28 号

《南京市接管代管房屋简明手册》中注明的房屋信息：

地址：马路街复成新村老 33 号
原使用单位或原住人：陆圣恺
产权及房主姓名职业：陆圣恺　商人
式样及幢数：西平三幢
间数：8

复成新村 33 号为西式平房，房主生平不详。

复成新村33号为西式平房，从外围看，占地面积不小

复成新村 34 号：陈大锁旧居之二

> 民国时期门牌号：复成新村 34 号
> 现在的门牌号：复成新村 13 号

《南京市接管代管房屋简明手册》中注明的房屋信息：

地址：马路街复成新村老 34 号
原使用单位或原住人：陈大锁
产权及房主姓名职业：陈大锁　南通公路工程师
式样及幢数：西楼一幢　平二幢
间数：17

除了复成新村 19 号（为西式平房），陈大锁还购置了复成新村 34 号，复成新村街区中面积最大的几幢建筑之一。但抗战胜利时，34 号这块地还是"空地"，建房应是在 1946 年或之后了。

徐叔明于 1946 年 10 月、12 月，1947 年 1 月向南京市

复成新村 34 号体量很大

工务局申请核发"建字第 172、296、585 号建筑执照",计建复成新村八幢房。中央信托局苏浙皖区敌伪产业清理处南京分处就"复成新村新建房屋情形"等事项与南京市工务局进行了核查。(我们推断这八幢尚在补办建筑手续的房屋中就包含了 34 号。)下图即为南京市工务局 1947 年 11 月 21 日的复函:

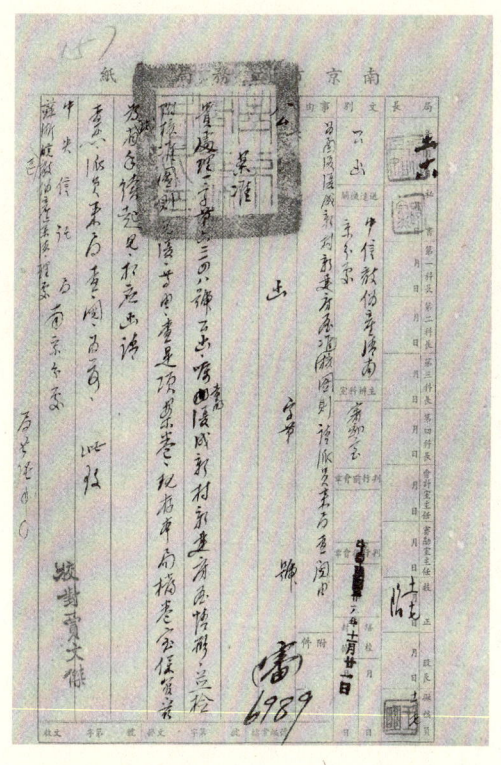

（南京市档案馆馆藏资料）

复成新村35号：余凯之旧居

> 民国时期门牌号：复成新村35号
> 现在的门牌号：复成新村15号

《南京市接管代管房屋简明手册》中注明的房屋信息：

地址：马路街复成新村老35号
原使用单位或原住人：余凯之
产权及房主姓名职业：余凯之 市民
式样及幢数：西楼一幢
间数：13

复成新村35号为西式楼房，房主生平不详。

复成新村 35 号在新村中间拐角处，比另几幢体量大的建筑（如萧赞育、陈大镁的旧居）更容易观察

复成新村36号：徐叔明旧居

> 民国时期门牌号：复成新村36号
> 现在的门牌号：申家巷1号

《南京市接管代管房屋简明手册》中无此房屋的任何信息。

申家巷1号的门并没有开在复成新村小区里，而是开在了申家巷

复成新村36号的情况较为复杂，范围包括现在的申家巷1号，以及现复成新村20号、22号、24号、26号。其地处复成新村的西北角，为西式平房，是负责复成新村建设的四位工程师的住所。

现住于申家巷1号的是当年乐居房产公司总经理徐叔明的后人。徐叔明是汪胡桢的亲戚，主要负责乐居房产公司的日常工作。

1937年12月初，乐居房产公司大股东汪胡桢离开南京，取道扬州、南通，来到上海，徐叔明也来到上海。从徐叔明于1938年7月22日在《新闻报》上发表的乐居房产公司的声明来看，此时乐居房产公司的对外联络是由徐叔明负责的。汪胡桢与庄一拂约于1938年在上海成立邠社。邠社成员均为嘉兴籍人士，有汪胡桢、沈公达、徐叔明、朱大可、许大卢、朱其石、庄一拂、徐公豪等。

徐叔明可能于1940年后重返南京，然后才有后来向当时的伪南京市财政局讨要复成新村31号、32号、33号、35号、36号的房租，以及向伪南京市政府提交31—36号为非敌产的申诉。

据徐叔明的后人讲述，抗战期间，原先四位工程师住所的前面又搭建了一排平房（即现在的复成新村20、22、

申家巷1号西式平房的背面

24、26号所在地)。抗战胜利后,徐叔明买下了工程师的住所,而前面自行搭建的平房里的住户却不肯离开,称他们抗战时期在复成新村帮看房子,除非给他们开工资才能离开。徐叔明无法开出工资,故只能任由他们居住于此。

现在的门牌号码

申家巷1号					18
26	24	22	20	过道（封）	

申家巷	28		15
	30		17
	32		

申家巷1号的门原先开在复成新村小区里，后来过道封了，门改开在了申家巷

民国时期的门牌号码

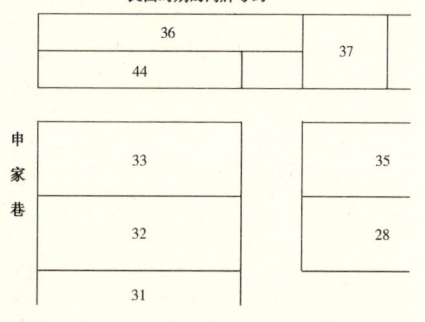

	36		37
	44		

申家巷	33		35
	32		28
	31		

申家巷1号1937年时为复成新村36号，1945年后多出个44号（也有可能是40、41、42、43号）

复成新村 37 号：韦永成寓所

> 民国时期门牌号：复成新村 37 号
> 现在的门牌号：复成新村 18 号

《南京市接管代管房屋简明手册》中注明的房屋信息：

地址：马路街复成新村老 37 号
原使用单位或原住人：张岳灵
产权及房主姓名职业：张岳灵　伪立法委员
式样及幢数：西楼一幢　平二幢
间数：15

抗战胜利后，张岳灵在复成新村购置了 37、38 号两幢房屋。

接受采访的现居复成新村居民，都称此房屋曾是蒋介石的侄女住的。此侄女，乃蒋介石同父异母的哥哥蒋介卿的女儿蒋华秀。而蒋华秀的丈夫就是之前《复成新村 17 号》中

复成新村 37 号正面

复成新村 37 号背面，局部有加盖

提及的韦永成。

韦永成是新桂系李宗仁、白崇禧手下的重要人物之一。在他结婚之前,人视之为"公子";在他结婚之后,称其为"驸马"。韦永成在《我为什么要捐赠韦氏兄弟奖助学金》一文中曾写道:"我在省内任公职起,月薪若干,有无津贴,一概不知。有时公差穗、港、沪、京等地,即向广西银行或其他办事处支取,德、健两公(李宗仁字德邻、白崇禧字健生)从不过问。"这就是"公子"称呼的由来。韦永成还是李宗仁胞弟李宗义的妻弟。至韦永成结婚,因其夫人蒋华秀是蒋介石的侄女,韦永成就戴上了"驸马"的帽子。①

蒋介石与桂系李宗仁、白崇禧等关系历来不好,韦永成为何能与蒋华秀成婚,让人感到好奇。

抗战初期,韦永成是第五战区司令长官部的中将政治部主任,后任安徽省民政厅厅长,那时他也才三十出头,可以说是少年得志。新桂系三杰之一黄绍竑在一篇回忆录中说韦永成是美男子。由此来看,韦永成年纪轻轻就身居高位,且仪表堂堂。韦永成当年的部下许汉三曾回忆:"他的性格很

---

① 廖富苏:《新桂系重要人物韦永成》,载全国政协文史资料委员会编《文史资料存稿选编·第18辑·军事派系》(下),中国文史出版社,2002,229页。

爽朗，仍然带着和我们一样的青年人的习气。虽然他是我的上级，在李宗仁面前算是红人，但没有官僚架子，而且胸无城府，说话很坦率，举止也随随便便，毫不矜持。所以青年人都很愿意同他接近。"①

蒋华秀毕业于之江大学，抗战时期跟随堂兄蒋经国在赣州。许汉三曾对其有如下描述："她虽然出生在中国当时有最高地位和最大权势的蒋氏家族，但她并没有一般所谓阔小姐的习气。我在立煌时，也经常和她见面。她给我的印象，倒是一个性格温顺、装扮朴素、贤妻良母类型的人。"②

韦永成主政的民政厅中有个会计主任叫徐祖铭，他的妻子章竞平和蒋华秀是之江大学同学，而且是情同手足的挚友。韦永成和蒋华秀的婚姻，就是这对夫妇极力促成的。

当时韦永成在大别山的立煌（今安徽金寨），而蒋华秀在赣南的赣州，两地相距甚远，且中间还隔着一大片敌占区。因韦永成身居要职，不能随意离开住所，故章竞平冒险赶至赣州，劝说蒋华秀到安徽和韦永成见面。

---

① 许汉三：《新桂系少壮派韦永成》，载中国人民政治协商会议安徽省委员会文史资料研究委员会编《安徽文史资料·第32辑·皖事拾零》，安徽人民出版社，1989，第70页。
② 同上。

蒋华秀在立煌住了一段时期，经过了解，对韦永成的性情和其他许多方面确实感到满意，认为可以作为自己的终身伴侣，便决定和韦永成到重庆去结婚。

不料蒋经国得知此事后，坚决反对，并请蒋介石出面阻止。然而蒋华秀对韦永成的爱情非常专挚，始终不改变自己的主张，一定要和韦永成结婚。几经波折，最后由宋美龄出面转圜，韦、蒋的婚事才得以实现。[1]

---

[1] 许汉三：《新桂系少壮派韦永成》，载中国人民政治协商会议安徽省委员会文史资料研究委员会编《安徽文史资料·第32辑·皖事拾零》，安徽人民出版社，1989，第72页。

复成新村 38 号：张岳灵旧居

> 民国时期门牌号：复成新村 38 号
> 现在的门牌号：复成新村 16 号

《南京市接管代管房屋简明手册》中注明的房屋信息：

地址：马路街复成新村老 38 号
原使用单位或原住人：张岳灵
产权及房主姓名职业：张岳灵　伪立法委员
式样及幢数：西楼一幢　平二幢
间数：14

张岳灵购置了复成新村 37 号、38 号两幢楼房，两幢的外观一样。

张岳灵是李品仙的亲信，也是李的财产经管人。抗战期间，张岳灵成立了"国营安徽省企业公司"，与敌占区进行

复成新村38号正面。据说因院中的这株白玉兰树被鉴定为古树名木，才使得当年整个复成新村街区避免了被拆的命运

复成新村38号背面，局部有加盖

贸易，出售大麻、木材、皮油等，换进食盐、布匹、棉纱等，牟取暴利。张岳灵后任安徽省银行行长，控制了安徽全省和豫鄂皖边区的财政经济。日本投降后，李品仙任第十战区司令长官。张岳灵为该战区敌伪产业的接收大员，接收了许多公司、工厂，与李宗仁、白崇禧、李品仙秘密组成大淮联合企业股份有限公司。

1948年3月，桂系首领李宗仁竞选副总统的助选班子成立。张岳灵任竞选团的财务组长。

竞选团"总参谋长"黄绍竑在《李宗仁代理总统的前前后后》一文中对当时的竞选花费有个介绍："或有人问，李宗仁竞选副总统究竟用了多少钱？我答不出确实数目，因为用钱的事，我不经手，经手人是安徽省银行行长张岳灵。传说一共用了一千多根金条（即金子一万多两），都是由广西和安徽两省供给的，安徽省出了大部分。一万多两金子在那时约值现大洋一百多万元，合金元券就不知多少亿了，这在中国那时是个惊人的数字。"[1]

张岳灵精于算计，为桂系筹措了大量的经费。当然，他

---

[1] 《文史资料选辑》编辑部编：《文史资料精选》（第15册），中国文史出版社，1990，第43—44页。

也精于给自己算计。其购置了复成新村37、38号后,将37号借给韦永成居住。没多久,张岳灵声称要出售此屋,因其索价太高,韦永成只好搬走。

除了南京,张岳灵还在其他地方购置了大量房产。曾有文说,"抗战胜利后他在香港买了很多洋房。南京中央商场三分之二的房屋亦为张所有"[①]。

李宗仁竞选副总统时,张岳灵表现积极,捐出30亿元助选,但他按下各地汇给李宗仁的助选捐款,私存利息,除得回30亿元外,还有盈余,真可谓是"理财"高手。

---

① 中国人民政治协商会议安徽省委员会文史资料研究委员会编印:《安徽文史资料选辑·抗日战争时期史料专辑》(下),1982,第24页。

复成新村 39 号：邱清泉旧居

> 民国时期门牌号：复成新村 39 号
> 现在的门牌号：复成新村 14 号

《南京市接管代管房屋简明手册》中注明的房屋信息：

地址：马路街复成新村老 39 号

原使用单位或原住人：邱清泉

产权及房主姓名职业：邱清泉　伪兵团司令

式样及幢数：西楼一幢　平二幢

间数：24

复成新村 39 号为西式楼房，门前挂有两块牌子。第一块内容如下：

南京市文物保护单位

复成新村 14 号民国建筑

南京市人民政府
二〇〇六年六月十日公布
南京市人民政府立

第二块内容如下：

南京重要近现代建筑　　　　　　　编号：20100032

复成新村 14 号民国建筑

该建筑为邱清泉于抗战胜利后所建，混合结构，西式楼房。邱清泉（1902—1949），又名邱庆余，浙江永嘉人，原国民党第五军军长。

南京市人民政府
二〇一〇年九月

复成新村39号（上）门口挂有两块牌子。39号的式样和37号、38号（下）是一样的

复成新村 39 号原为邱清泉的寓所,这是明确的,也是目前复成新村民国建筑群里仅有的户主身份确认无疑的两处挂牌建筑之一。

邱清泉为抗日名将,黄埔二期学生。1938 年 10 月任新编二十二师师长,12 月,参加昆仑关战役,战后任第五军副军长,因在此战中之勇猛表现,获得"邱疯子"的绰号。1943 年,任陆军第五军军长。1944 年 10 月,率部参加中国远征军滇西反攻战。1948 年 9 月,第五军扩编为第二兵团,邱清泉为代理司令官,10 月正式就任第二兵团司令官。1949 年 1 月 10 日,邱清泉在淮海战役中兵败身亡。

邱清泉复成新村 39 号的这幢房子较为有名,曾有多人在回忆文章中提及。但提及的文章中有的只是说某兵团司令的住处,或直指其名,并未出现具体的门牌号码。

也有资料显示:"邱清泉曾任国民党军兵团司令,其住宅位于复成新村 14 号、16 号、18 号,为三幢形式完全一样的二层西式楼房,房顶为露天平台,周围有铁栏。今为解放军第四五四医院职工宿舍。16 号院中有高大的玉兰一株,遮天蔽日。1983年1月被列为区级文物保护单位。"[①] 资料中提及的14号、16号、18号为现在的门牌号码，对应的民国时期门牌号码分别就是39号、38号、37号，三幢楼房从外观上看都是一样的。1949年解放军渡江进入南京后，士兵对邱清泉的名字更为熟悉，或许把这三幢都统称为兵团司令的房子的可能性更大一些。

储孔玉在《在王司令身边工作》一文中，只是说"军部于5月4日进驻南京后，住在太平路复成新村"[②]。提及的这支部队，就是二十四军（原三野六纵），王司令则是二十四军军长王必成。而当时二十四军政治部副主任彭柏山在1949年5月18日的一封信中则提及："我已于今天搬进城来。我们的住宅，是在中山东路马路街复成新村××号。原来是反动派××的房子。"[③] 这"××号"是否为当年编辑图书的时候故意把真实号码隐去了，或许只有见到书信原件，这个疑团才能解开了。

京剧名家尚小云一家也曾在复成新村居住过："对于南

[①] 南京市白下区地方志编纂委员会编：《南京市白下区志（1986—2005）》（下），方志出版社，2011，第1047页。
[②] 储孔玉：《在王司令身边工作》，载《虎将王必成》，解放军出版社，1992，第199页。
[③] 彭柏山：《战火中的书简》，上海文艺出版社，1982，第199页。

京这个城市,尚长荣(尚小云之子)印象深刻,至今他还记得当年他们一家人住在马路街复成新村原国民党兵团司令邱清泉的别墅。"①但文中并未提及具体门牌号码,尚小云一家具体住的是哪一号,就需再考证了。

---

① 李伶伶:《德尚艺荣——尚长荣传》,江苏人民出版社,2010,第21页。

复成新村44号:程绍叶旧居

> 民国时期门牌号:复成新村44号
> 现在的门牌号:复成新村20号、22号、24号、26号

《南京市接管代管房屋简明手册》中注明的房屋信息:

地址:马路街复成新村老44号
原使用单位或原住人:程绍叶
产权及房主姓名职业:程绍叶 伪国防部处长
式样及幢数:中平四幢
间数:11
备注:户名 伍凤章

复成新村44号为中式平房。房主程绍叶的信息查询不到,也查找不到有关伍凤章的信息。

关于复成新村44号,这应该是抗战胜利以后新编的门牌号码,至于编号为何直接从39号跳到44号,以及是否另

有40号、41号、42号、43号,这些都还不清楚。从军管会的资料上看,44号为中式平房四幢,这些中式平房,可能就是现申家巷1号徐叔明的后人提及的抗战时期有人在四位工程师住所前自行加盖的平房,现在的门牌号为20号、22号、24号、26号。早些年,申家巷1号人员的进出,就是通过20号旁边的这个通道。后通道被封,申家巷1号改为从申家巷路口另开门进出了。

图片最右侧是早年间申家巷1号人员进出的通道,后来被封。通道旁依次为现在的复成新村20号、22号、24号、26号

上编

中编

下编

从民国高官住宅区到谍报小区

"历史街区（Historic Area）"通常是指保存有一定数量和规模的历史建筑群，且风貌相对完整的地段。它能够反映特定历史时期的社会、生活和文化的样貌，在自然环境和人文环境等方面，是城市历史活的见证。

通过对复成新村的考察研究，我们认为复成新村是符合"历史街区"的要求的，应当被作为"历史街区"来保护。但自2008年复成新村被认定为"近代建筑风貌区"后，它的历史身份一直是"历史风貌区"。《南京历史文化名城保护规划（2010—2020）》又延续和强化了这一身份。

十年过去了，复成新村一直被作为"历史风貌区"来保护，着眼点还局限在保护建筑和院落式布局上，四十多栋建筑也仅有邱清泉公馆和金九公寓两处住宅做了挂牌保护。这显然是不够的，因为在复成新村居住过的历史人物中，和邱清泉、金九历史地位相当甚至地位更高的还有很多。除此之外，此处还有国共两党的地下活动地点和外国驻华代表暂住地。这表明我们的都市文化研究者和政府机构在面对复成新村时只关注到它的物理空间，而忽视了对其文化空间的研究。这便导致我们至今都不能从文化空间的角度来对复成新村进行历史身份的定位。

本书通过对复成新村现存建筑进行逐个考察，想要说明的就是它是一个名副其实的"历史街区"。"历史风貌区"的定位弱化了复成新村的价值，使得对它的文化空间的保护和利用没有提升到应有的级别。

说复成新村是"历史街区"，这只是一个整体的身份定位，还没有突出它的特点。而它的特点，正如本书"上编"所述，它是20世纪30年代南京房地产商经营的高档住区，是"近代住区"的历史标本，是民国时期南京住区营建活动的"活的见证"，是南京城市现代化进程的一个缩影。[①]

复成新村的文化空间是由它的四十多栋建筑的历史叠加交汇而成的，其文化属性是双重的：它是高官住区，又是谍

---

① 当年复成新村作为一个现代住宅区，与附近的第一公园相互呼应，提升了这一区域的现代品质，成为当时南京都市现代化的一个标志。如今第一公园早已消失，要研究这一区域的现代化历史，就只能瞄准复成新村了。

报小区。

从复成新村的居住史来看,其"高官住区"的属性一直没变。虽然也曾有一些大学教授和医生、工程师等普通居民入住,但他们人数有限,还不足以改变这一属性。而复成新村作为"谍报小区"的属性,是晚于"高官住区"属性出现而又与其有所重叠的。

这就要求我们在关注复成新村这一历史街区时,要从它的这两个属性同时入手来开展保护和利用。对于其"高官住区"属性,在实施保护时又要做具体划分,对于其原住户——国民党军政高官和外国驻华高官要分别进行考察确认。总之,要尽量依据其文化属性提出有针对性的保护和利用办法。

整体保护与特色开发

1933年8月,国际现代建筑学会通过《雅典宪章》指出,对有历史价值的建筑和街区均应妥善保存,不能破坏,而且为了延续文物建筑的生命,必须继续使用它们。1949年后复成新村虽然一直处在继续使用之中,但是被不同的单位和机构占用,难以作为一个整体来保护,即便是被列为历史风貌区之后,整体保护也不到位。下面列举三条保护不当之处:

1. 小区每户大门统一贴皮,遮蔽了历史风貌

现在复成新村内临街的门墙都统一做了贴皮处理,遮蔽了原貌。原来的门墙用砖是灰白色的。

请看现在复成新村14号(邱清泉公馆)的临街大门和门柱照片(拍摄于2017年12月27日):

复成新村14号临街大门（上）和门柱（下）

对于白墙，老居民还有记忆。2017年6月7日，我们采访了复成新村7号的老居民张文敏女士，她是1952年春节前搬到7号居住的，说当初搬来时有些房子外面写着"代管"字样，巷口白墙上写着介绍新村建筑风格等的文字。

2. 小区外墙统一粉刷为黄色，是恢复原貌吗？

现在小区外墙都统一粉刷为这种黄色，这种黄色墙体在南京颐和路、平仓巷等很多民国街区都可看到。但民国时都是这样的吗？

复成新村14号外墙

据我们考察，民国时期的住区墙面多是清水无粉刷的，有的砖是红色，有的是青色，有的是灰白色，颜色很丰富，并不统一。

现在要将复成新村定位为风貌区，首先要明确应该按照哪个时期的风貌来进行保护修缮。即便是民国时期的不同阶段也有不同风貌，以哪个阶段的风貌为基准来保护修缮，是风貌区保护的首要问题，而不是照搬其他历史街区或风貌区的常规做法进行统一处理。统一处理后，还有风貌可言吗？

1935年，乐居房产公司在销售复成新村时，有甲乙丙丁四种房型，"房屋类型各异，投人所好"[①]。可见当年建设时，并不是千篇一律的。这便告诉我们，要保护好这些房型，必须保护它们的差异性。遮蔽了差异性，哪里还有风貌留存呢？

而要了解差异性，首先要通过老照片确定每栋建筑的原始风貌，并通过不同时期的老照片确定它们的历史变化。若无老照片，则需要寻找原始文字描述，这便需要深入研究每栋建筑的历史和整个小区的历史。也就是说认识物理空间离

---

① 汪胡桢：《回忆我从事水利事业的一生》，载嘉兴市政协文史资料委员会编《一代水工汪胡桢》，当代中国出版社，1997，第291页。

不开对其历史文化空间的认知。因此，只有对历史文化空间有了认知，才能将每栋建筑的物理差别和文化差别结合起来考察，从而确定合理的保护措施，而不是简单地作统一处理。

3. 每栋大门都有门楼，是恢复原貌吗？

现在复成新村每栋大门都有一个小门楼。这种大门样式在颐和路等处的民国建筑大门上也有，似乎已成为南京民国公馆建筑大门的通用样式。但民国时期的建筑都是这样吗？复成新村的建筑都是这样吗？很值得怀疑。

复成新村32号大门的门楼与其墙体风格显然不搭。

复成新村32号大门

民国时期建筑的大门没有门楼的例子有不少。例如，就拿乐居房产公司开发的梅园新村来说，17号、18号的大门就是没有门楼的，而且大门的样式也不一样。复成新村既然"房屋类型各异，投人所好"，那么它每户的大门也应该都是各具特色的，至少不会都有门楼。

所谓整体保护并不是一刀切地统一处理。简单粗放地统一处理必然使本来的风貌丧失，而成为今人想象的历史风貌。这样处理后形成的所谓"**历史风貌区**"就变成了被制造的风貌区，原味就在这样的保护中丧失了。

梅园新村17号大门　　梅园新村18号大门

4. 建筑可以继续使用,但不应成为群租房

在考察复成新村时,我们发现有的房子已变成群租房,租客各自为政,对建筑和环境并不爱惜,这样的继续使用显然是不当的。而这并不是偶然现象,其实现在很多的民国建筑区都存在这样的问题。

复成新村 50 号已成为群租房

如果复成新村只是外观作了统一处理，内部环境不作整治，私搭乱建这样的"风貌"，可能就会成为这个"历史风貌区"最"真实"的风貌。

像复成新村这样的"历史街区"要得到合理的保护和利用，在整修、修复、延续使用等环节必须要保持其原真性。首先要保证原材料、原结构、原形制、原工艺不被破坏，只有这样才能尽可能地恢复原貌，织补成蕴含多种历史信息的记忆场。

为了丰富记忆场的内容，我们认为在调查确认每栋建筑的历史后，就应分批次地在每栋建筑大门前立一个说明牌，写明建筑的历史，特别是要说明民国时期该建筑的主人的身份，与之对应的老门牌号码等。而且牌子不宜镶嵌在墙体中，这样容易破坏墙体的整体观感，而应是具有导览性质的独立的指示牌。如果每栋建筑都能有这样一个说明牌，无疑会增强小区整体的历史感，将鲜为人知的小区居民间的历史联系呈现出来，从而强化人们对小区的认知。

陈韶龄等人认为，应"提倡以建筑、院落为单位的'微循环'式保护与更新，通过分步分期的更新逐步实现整个风貌区环境风貌、功能品质的提升"[1]。

而所谓"微循环",就是要激活内部要素,逐步完善小区内部的历史信息,使小区的内部人文结构逐渐呈现出来。这就要求整体保护要有节奏,同时又要有特色开发,或重点开发。

特色开发就是对"历史街区"的再利用。再利用就是要延续原功能,植入新功能。

就复成新村而言,它本是住宅区,就应保留这个基本功能,让原居民继续居住。如可能,政府应拨专款及时为居民修缮房屋,特别要重视内部设施的维护。在这方面,上海市保护巨鹿路景华新村的经验就值得借鉴(见下页图)。而同时复成新村有的房屋在历史上就是同乡会、驻华机构等机关的驻地,对于有着这样特殊历史的建筑,就应在可能的情况下采取特色开发,建成资料馆、纪念馆等,将这些特殊的历史在其原建筑中呈现出来。

---

[1] 陈韶龄、刘正平、郑晓华:《历史文化风貌区保护规划对策初探——以南京天目路、复成新村、慧园里历史文化风貌区保护为例》,《江苏城市规划》2012年第9期。

上海市巨鹿路景华新村为民国建筑，外观及内部设施均由政府出资修缮保护

韩国临时政府南京史料陈列馆

要对复成新村进行特色开发,从现阶段来看,将现在的10号改造为韩国临时政府南京史料陈列馆较有可操作性,也有一定的现实意义。

复成新村10号,民国时期为5号,最初是上海市公安局局长文鸿恩公馆,1947年后成为韩国驻华代表团办公地点。

复成新村8号,民国时期是4号,现被定为金九寓所,挂牌保护。据我们考察,金九并未在这里居住过,而最有可能在复成新村居住过的是金九的母亲(而且住隔壁10号的可能性较大。因为1936年左右,住8号的为吴德生)。

金九因躲避日本特务的追杀,在南京一直处在漂泊之中,最常住的地方是淮清桥。但金九在淮清桥的具体住址,中韩研究者至今也未考证清楚。金九母亲当时住在复成新村(金九在其自传中注明母亲住马路街），金九自然会去看他母亲，但绝不会一直住在那里，因为日本特务在南京无孔不入，固定住在一个地方，暴露的可能性无疑会增加，这是基本常识。因此，复成新村8号是否与金九有关，或是否曾是他母亲的住所，也还值得商榷。① 而复成新村10号曾是韩国驻华代表团驻地则毫无疑问。因此，我们觉得将10号改造为韩国临时政府南京史料陈列馆是比较妥当的。

不过，就算复成新村10号曾是韩国驻华代表团驻地，为什么有必要将其改造为韩国临时政府南京史料陈列馆呢？又应陈列哪些相关内容呢？

1945年11月1日，韩国临时政府驻华代表团在重庆成立。1947年元旦，韩国临时政府驻华代表团改称韩国驻华代表团。1948年10月11日，韩国驻华代表团闵石麟致函吴铁城，提出代表团业告结束，为工作及掩护起见，"拟成立中韩文化服务社"，一方面采营业性质，编译介绍中韩书报及出版刊物，一方面作工作之掩护。1948年11月，南京市政府同意了韩国驻华代表团成立中韩文化服务社的请求，并要求他

---

① 我们认为8号与西面相邻的10号建筑外观一样，这可能是最初的考察者将8号错定为金九旧居的一个诱因。

复成新村8号（上）与10号（下）外观一致

们依法进行工商登记。可就在11月,韩国驻华代表团团长闵石麟就结束在华活动离开南京了。[①]我们判断中韩文化服务社可能并未进行工商登记,即没有正式成立。因此,韩国驻华代表团在复成新村存在了近两年时间。

如果复成新村10号只是反映韩国驻华代表团的历史,那它的内容和意义就很有限了。因韩国驻华代表团是由韩国临时政府驻华代表团演变而来,而韩国临时政府在南京的活动自1935年11月将其本部迁至南京,至1937年11月撤离南京,也存在了两年时间。1933年5月,蒋介石与金九在南京中央军官学校举行了第一次会晤。此后,韩国临时政府与国民政府接触增多,南京逐渐成为金九控制的韩国临时政府的活动中心地。这样看来,1935年11月前,金九等人在南京的活动自然也应归入韩国临时政府在南京的活动内容之中。因此,拟建的韩国临时政府南京史料陈列馆也应包括这些内容。

民国时期,韩国临时政府先后在上海、杭州、镇江、南京、长沙、重庆等地活动,这些地方大都建立了纪念馆、资

---

① 石源华、蒋建忠编著:《韩国独立运动与中国关系编年史(1919—1949)》,社会科学文献出版社,2012,第1681页。

料馆或旧址保护单位，只有南京至今还没有这样一个纪念地或资料馆，这和南京在韩国临时政府在华活动中的突出地位是不相称的。因此，在对复成新村进行特色开发时，我们主张在积极征集史料的基础上，将10号改造为韩国临时政府南京史料陈列馆。

"希望永远保留"

2017年6月7日,我们去复成新村采访老居民,在32号采访了九十多岁的叶德良老人。老人说"文革"中有人要拆新村,建大楼,他写信去中央,反对拆掉,还写一牌子竖在小区门口(牌子内容是:"有人要破坏文物,老百姓反对。")。最后他在我们的采访提纲上写了一句话:"希望永远保留!"并庄重签名。

九十多岁的叶德良老人的祝愿

后 记

复成新村进入我们的视野，始于 2017 年的 3 月。

2017 年 3 月 20 日，我们以前的一位女同事来随园，告知我们她和两位要好的闺蜜在南京复成新村 4 号开了个"十六院"茶社，想讨教一些有关"茶"的文化。对于"茶文化"，我等是门外汉，但对南京民国建筑，则有着浓厚的兴趣。我们生活在南京，也热爱南京，但总感觉关于南京的历史叙述都过于宏大，缺少细节，总想能知道得更多一些。

复成新村处于闹市区，但以前我们并没去过。初见复成新村，我们既有惊喜，也有疑虑。惊喜的是，在如今的大环境中还保留着这么一处非常完整的民国建筑群，这非常难得。而疑虑则是，保存如此完好的四十多栋民国建筑中，挂牌的仅有两栋。

挂牌的两栋建筑，一栋是复成新村 14 号，为邱清泉公馆；另一栋是复成新村8号，为金九寓所。但我们根据手头掌握的资料，发现史料中记载的邱清泉公馆的门牌号码为"复成新村老39号"，而非14号。

那么，复成新村现在的门牌号码是否与民国时期的门牌号码一致？这是之后一直萦绕在我们头脑中的一个重要疑问。如果号码不对，户主身份自然无法确认。所以确认新、老门牌号码的对应关系就成为我们这次研究的首要任务了。5月初，"复成新村门牌示意图"初稿完成。7月初，门牌号码的考证基本结束。此后便集中精力考察每栋建筑的历史，特别是一些鲜为人知的历史细节。

我们的考察主要从两个方面展开，一方面是查档案，另一方面是走访老居民。

我们曾去南京市房产档案馆、城建档案馆等处查档，但这些机构或是以必须提供直系亲属证明才能查看，或是以只有20世纪90年代以后的档案才可查阅等为由，将我们"拒"之门外。好在南京市档案馆的工作人员服务周到，帮着搜索了一些资料，还提供了复印件，使我们获得了一批宝贵的档案资料。

走访老居民，也要讲求方式方法。开始我们接触过一些老居民，他们一方面对我们的调研缺乏了解，或是以为要拆迁,或是以为老房主后代回来了想要回住房,等等;另一方面,由于我们都不是老南京,在他们眼中其实就是陌生的外地人。因此他们不仅不愿配合,还很有戒备心。为了解决这个问题,我们先后拜访了秦淮区洪武路街道文化站的赵站长和申家巷社区的尹主任,希望在采访老居民这方面得到他们的帮助。在他们的支持下,尤其是尹主任亲自陪我们到复成新村及周边走访了一些老居民,这才逐步打开局面。与老居民的沟通,印证了我们的很多推断,特别是对门牌号码的推断大多得到了证实,这给了我们极大的信心。

在采访老居民时,为了让他们更快地了解我们的采访内容,我们提前打印了《采访提纲》,这大大提高了采访效率。在采访时,我们一般是一个人拿着提纲提问,另一个人在一旁录像。采访结束当晚,我们分头整理提纲和录像中的重要信息,第二天再汇总归类。

通过几个月的调查采访,我们发现老居民对民国时期的复成新村并不是很熟悉,也谈不出什么轶事,因为这些居民大都是20世纪五六十年代以后入住的,有些还是进城的外地人,他们和原来的居民没有什么生活上的交集。这样,一个基本的历史事实就逐渐清晰起来了:那就是1949年之前居住于复成新村的居民整体消失了,这个新村的历史在这一年彻底断裂了。因此我们至今也未能找到能直接对接这段历史的居民或知情者;后来我们从现在的老居民口中获得的关于民国时期复成新村的零星信息更加证明这一断裂之深。

复成新村旁边的绣花巷住着一对90多岁的老夫妻,1949年前他们是这一带的马路清洁工,他们的住所与复成新村虽只有几步之遥,但从未进去过复成新村(甚至1949年以后也没有),他们说复成新村住的都是当官的,所以不敢进去。

现住复成新村的一位离休干部说,他们是1952年2月住进来的,当时墙上还贴着"代管"字样,字是红色的;巷口的白墙上有油漆字,介绍每栋建筑的风格。又说8号样子没变,是九龙某老板的私房。

复成新村的蒋女士说,复成新村最西边这几栋房子,以前是日式的,进门是榻榻米,屋顶是琉璃瓦。

一位姓徐的老居民说,他现在住的房子是1946年建的,以前住着乐居房产公司的四个工程师,后来他父亲买下了这栋房子,有房契,是一张纸。他说父亲当时是给乐居房产公司的老板汪胡桢做助手,帮处理一些公司业务,后来被打成"右派",在江南水泥厂扫马路。

老居民叶先生说,现在的32号以前住的是国民政府外交部部长的秘书,又说以前有开发商要拆掉这个新村建大楼,他曾写信给有关部门,反对拆掉,还写过一个牌子:"有人要破坏文物,老百姓反对。"

随着调查的深入,特别是文献资料的"对号入座",复成新村的人物开始鲜活起来,民国时期的居民结构也变得愈加清晰,我们还发现以前一些专家对复成新村的定位确有值得商榷之处。因此我们想以此为标本,把我们研究城市文化的思路,以及所作的努力展现出来,供读者和专家来参考和评论,为丰富和完善复成新村街区历史做些基础工作,尽点微薄之力。

历史曾经断裂,但面对历史的态度不能断裂。

张元卿　尹引
2018年11月12日